비게
난임

조직의 성공과 실패를 결정짓는 보이지 않는 힘

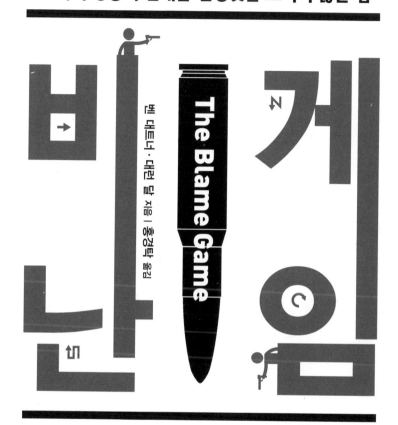

벤 대트너·대럴 달 지음 | 홍경탁 옮김

The Blame Game

비난게임

북카라반
CARAVAN

직장을 지옥으로 만드는 것

사람을 가장 미치게 하고 괴롭히는 것, 가라앉은 앙금을 휘젓는 모든 것, 악의를 내포하고 있는 모든 진실, 체력을 떨어뜨리고 뇌를 굳게 하는 것들, 생명과 사상에 작용하는 모든 악마성. 이 모든 악이 미쳐버린 에이해브에게는 모비 딕이라는 형태로 가시화되었고, 그리하여 실제로 공격할 수 있는 상대가 되었다. 에이해브는 아담 이후 지금까지 모든 인류가 느낀 분노와 증오의 총량을 그 고래의 하얀 혹 위에 쌓아 올려, 마치 자기 가슴이 대포라도 되는 것처럼 마음속에서 뜨거워진 포탄을 그곳에다 겨누고 폭발시켰던 것이다.

허먼 멜빌Herman Melville, 『모비 딕Moby-Dick』

2009년 1월 15일 US 에어웨이스 1549편이 뉴욕 라과디아 공항을 이륙한 직후, 기러기 떼가 비행기와 충돌했다.[1] 기내에는 기분

나쁜 정적이 흘렀다. 비행기의 두 엔진에 모두 문제가 생긴 것이다. 승객과 승무원에게 그나마 다행이었던 점은, 기장이 위기 상황에서도 올바른 판단을 내리도록 잘 훈련받았을 뿐만 아니라, 의사 결정 과정에서 나중에 혹시라도 받을 비난은 염두에 두지 않았다는 점이다. 기장 체슬리 버넷 슐렌버거 3세Chesley Burnett Sullenberger III는 라과디아 공항으로 돌아가 비행기를 구할지, 가까운 허드슨 강을 임시 활주로로 삼아 착륙을 시도할지 결정해야 했다. 강물에 착륙하면 사람을 구할 가능성이 높지만 대신 비행기를 잃을 것이 분명했다. 슐렌버거는 허드슨 강에 착륙하기로 했다. 경미한 부상자가 몇 명 있었지만, 승객과 승무원이 모두 살아남았고, 이 소식은 전 세계에 전해졌다. 슐렌버거는 나중에 이렇게 말했다. "불시착하기로 한 결정에 대해 상사나 조사관들에게 문책을 당하지 않을까 불안한 마음이 들 수도 있겠지요. 하지만 난 그러지 않는 편이 좋다고 생각했어요."

우리도 이처럼 중대한 결정에 스스로 책임을 지며 일하고 싶어 한다. 하지만 불행하게도 대부분 엉뚱한 이유로 엉뚱한 시기에 비난을 쏟아내는 상사나 조직을 위해 일한다. 이유 없는 비난을 받을 때마다 상처받는 것은 물론이고, 분노가 치밀어 올라 결국 일에서 멀어지게 된다. 처벌이 두려워서 제때 바르게 대처하지 않거나 문제가 생겨도 모른 척 넘어가기도 한다. 공로를 제대로 인정하지 않는 회사도 많다. 공을 세운 사람 대신 다른 사람이 인정받고, 전혀 자격이 없는 사람에게 공로가 돌아가기도 한다. 회의 시간에 누군가 제안했다가 묵살된 의견이 잠시 후 다른 사람이 똑같이 제안하자 받아들여지기도 한다. 모두 절차를 무시하며 일하는 회사에서, 어떤 사람만 절차를 무시한다고 비난을 받기도 한다.

이런 모습은 어떤 조직에서나 찾아볼 수 있다. 자신의 경영 실수로 벌어진 실패를 전임자의 책임으로 돌리는 경영자, 동료의 아이디어나 성과를 가로채는 직원, 막대한 세금을 부과해놓고 회계상 실수라고 넘어가는 공무원은 물론, 석유 유출로 발생한 재난은 다른 부서 책임이라며 비난하는 정유회사 임원도 있다. 선박회사는 고객이 주문서를 받지 못한 것은 자신들의 잘못이 아니라 운송회사의 책임이라며 운송회사를 비난한다. 분기별 성과가 좋지 못하면 상품개발부서는 영업부서의 잘못이라고 책임을 떠넘긴다. 직장 동료들이 길이나 식당에서 누군가에 대해 불만을 토로하는 것을 들어보면 부당하게 공과功過를 평가받은 데 대한 분노와 제대로 인정받지 못했거나 이유 없이 문책 당한 데 대한 억울함이 대부분이다.

모든 문제의 핵심은 비난 게임이다

사무실 문을 열고 들어가 파티션 너머를 둘러보자. 자신이 회사에 엄청난 기여를 했다고 주장하며 그 공로를 인정받으려 애쓰는 사람, 책임을 모면하기 위해 바쁘게 뛰어다니는 사람을 어렵지 않게 볼 수 있다. 특히 단 한 번의 실수로도 직장을 그만둘 수 있는 경제적으로 어려운 시기에는 더욱 쉽게 찾아볼 수 있다. 정당하지 못한 방법을 써서라도 남의 공로를 가로채거나, 책임은 남에게 돌리려는 현상은 경기가 안 좋은 때일수록 빈번하게 일어난다. 경기가 안 좋거나 사안이 중대할수록, 신뢰와 협력과 새로운 해결책이 필요한 때일수록 심해진다. 회사 내에서 공과에 대한 평가는 파급력이 매우 강하다. 짧은 시간 안에 광범위한 영역에 퍼져 조직에 막대한 영향을 미친다.

예전에 한 첨단기술기업의 컨설팅 요청을 받은 적이 있었다. 최첨단 시설에 세계적으로 저명한 과학자들과 경험 많은 관리자들이 모여 있었지만 회사 상태는 좋지 않았다. 임원 한 명이 회사를 떠난 상태라 그 자리를 대신할 사람을 찾아야 했지만 예산이 부족했다. 사장이 있는 본사와 멀리 떨어져 있었기 때문에 이곳에서 일하는 직원들은 방치되었다는 느낌을 받았고, 자신들이 속한 부서가 없어지거나 매각될 것이란 걱정을 하기 시작했다. 과학자들과 관리자들은 서로 협력해서 일자리를 지키는 대신 서로에게 비난의 화살을 돌려대며 임원의 퇴사와 재정 악화의 책임을 서로에게 미뤘다. 험악한 분위기는 면접을 보러 온 임원 후보자에게도 느껴질 정도였다. 공과를 둔 싸움이 길어지면서 예산 위기는 더 커졌고 임원 채용 기간은 더 길어졌다. 남은 사람들은 자신이 초래한 악순환의 고리에 빠져 생존조차 불확실해졌다.

나는 조직심리학자로서 크고 작은 여러 조직에 조언을 해왔다. 돈을 받기도 하고 받지 않기도 하며, 미국뿐만 아니라 해외에 있는 조직을 대상으로 하기도 한다. 내게 도움을 청하는 사람들은 저마다 다양한 문제로 고민하고 있었지만 결정적인 것은 늘 칭찬과 비난이었다. 서로 비난하는 경영진 때문에 당황한 사장, 정당한 보너스를 받지 못할까봐 걱정하는 헤지펀드 전문가 등 많은 이가 칭찬과 비난의 문제로 고민하고 있었다.

수년 간 여러 기업을 컨설팅하고 라디오 프로그램 〈모닝 에디션Morning Edition〉을 통해 직장인을 상담하면서 모든 문제의 핵심에 '비난 게임'이 있다는 것을 깨달았다. 사람은 자신과 타인을 인정 또는 비난하기 위해 점수를 매기는데, 이 점수는 이기적인 규칙과 주관적인 판단을 바탕으로 한다. 직장 내 관계가 우호적이고 협력적인 곳이든, 분위기가 험악하고 잘못을 용납하지 않는 곳이든 마찬가지였다. 비난 게임에 빠질 것인지 혹은 이를 극복하는 법을 배울 것인지는 일과 조직의 성공 여부와도 밀접한 관계가 있다. 칭찬과 비난의 역학 관계를 살펴보면 협력과 신뢰가 어떻게 가능한지, 왜 보복의 악순환이 발생하는지 알 수 있다. 공과를 어떻게 평가하는지에 따라 목표를 향해 적절한 조치를 취하며 나아가기도 하고, 서로 비난하고 보복하는 역기능이 발생하기도 한다.

여러 학자가 경력 이탈에 관해 연구했다. 경력 이탈은 관리자가 직장에서 실패를 맛보거나 조직에서 잠재력을 충분히 발휘하지 못해 경력이 궤도에서 이탈할 때 일어난다.[2] 경력 이탈을 겪은 임원들의 공통점은 그것이 자신의 선택이었다기보다, 그들에 행동에 존재하는 무엇인가로 인해 조직을 떠나거나 강등되었다는 점이다.

창의적 리더십 센터Center for Creative Leadership, CCL의 연구에 따르면 관리자들이 가장 미숙하고 어려워하는 것은 사람 사이의 관계

관리였다. 많은 관리자가 신뢰하는 사람에게 적절한 칭찬을 하지 못하고 부족한 점을 질책하는 방법을 모른다.[3] 6장에서 자세히 살펴보겠지만 칭찬과 비난은 리더의 성패에 결정짓는 중요한 요인이다.

코네티컷 의과대학 정신의학과의 하워드 테넌Howard Tennen과 글렌 애플렉Glenn Affleck은 남에게 책임을 떠넘기는 행위에 대한 22건의 연구 결과를 분석했다.[4] 연구 결과 77퍼센트가 남을 비난했을 때 정서적으로나 육체적으로 상태가 나빠졌다. 나머지도 남을 비난했을 때 얻는 것이 아무것도 없었다. 비난의 대상이 배우자거나, 의사거나, 낯선 사람이거나 무관했다. 테넌과 애플렉의 연구는 비난은 전혀 쓸모없으며 오히려 나쁜 영향을 미친다는 것을 증명했다. 이 연구는 단기적으로 남을 비난하고 싶은 유혹은 아무런 도움이 되지 않으며 장기적으로도 해가 된다는 것을 다시 한 번 입증했다.

하버드대학교 의과대학 정신과 전문의 조지 베일런트George Vaillant가 수행한 연구에 따르면 자신의 불행을 남에게 투사하거나 비난하는 사람은 인생의 변화에 적응하는 능력이 훨씬 떨어진다. 베일런트는 "비난을 남에게 투사하는 사람만큼 설득하기 힘든 사람은 없다"고 말했다.[5] 그리고 이러한 경향을 미성숙 방어immature defense라고 불렀다. 거부와 극단적인 방어는 성인보다는 아이들이나 청소년에게 흔히 보이기 때문이다. 우스터주립병원의 정신과 전문의 레슬리 필립스Leslie Phillips가 수행한 다른 조사에서는 자기 문제로 타인을 비난하면 할수록 삶의 평범한 문제를 처리하는 데 어려움을 겪는다는 결과를 볼 수 있다.[6] 극단적으로 타인을 비난하는 사람은 비난의 대가를 톡톡히 치르게 된다.

비난의 악순환이 시작되는 순간

내가 처음으로 칭찬과 비난의 중요성을 느낀 것은 대학교를 졸업하고 대학원에 진학하기 전 3년 동안 리퍼블릭 내셔널 뱅크 오브 뉴욕에서 일할 때다. 처음에는 관리부서 수습사원이었다가 나중에는 최고경영자의 보좌관으로 일했다. 여러 부서에서 순환 근무를 하면서 일이 잘 되면 공로를 인정받는 것은 누구인지, 일이 잘못되었을 때 책임을 지는 것은 누구인지 열심히 관찰했다. 어느 날 동료의 자리에 붙어 있는 쪽지가 눈에 띄었다. "프로젝트의 6단계: 1. 열정적으로 시작한다. 2. 환멸을 느끼기 시작한다. 3. 공황상태가 된다. 4. 문제를 일으킨 사람을 찾는다. 5. 무고한 사람을 처벌한다. 6. 무관한 사람을 포상한다." 이후 조직에 관한 다양한 이론을 공부했지만 직장에서 벌어지는 사건을 이보다 정확하게 묘사한 글은 보지 못했다.

불행하게도 너무 많은 조직에서 부당한 절차로 공과를 평가하고, 실제 재능이나 성과와는 무관하게 보상과 처벌을 내린다. 이렇게 되면 위험을 감수해야 하는 생산적인 행위와 창의적인 생각은 억압된다. 어려운 결정을 내려야 하는 상황에서 자신감을 발휘하지 못하기도 한다. 부조종사가 불복종이라고 비난받을까 두려워 연료 게이지가 바닥을 치거나 산에 부딪칠 정도로 고도가 떨어졌는데도 아무런 말도 하지 못할 수도 있다(1997년 대한항공 801편 괌 추락 사고의 원인 중 하나로 부기장이 기장에게 의견을 개진하기 힘든 권위적인 분위기가 지적되었다—옮긴이). 비난이 두려워 새로운 시도를 하지 못한다면 새로운 시장 개척이나 획기적인 공헌을 할 가능성은 사라진다. 만일 어느 팀이 실적에 대해 변명하는 데만 관심이 있고 문제점을 개선하려는 의지가 없다면, 팀원들은 문제를 해결하는 것보다 책임자를 찾아 비난하는 데 소중한 시간과 에너지를 쏟을 것이다.

예전에 한 소매업자를 상담한 적이 있다. 쇼핑몰에서 물건을 팔다가 직접 건물을 지어 사업을 확장하려는 사람이었다. 소매업자는 투자자와의 회의에서 새 부지 계약을 발표하고 싶어 했지만, 계획보다 부지 선정이 늦어지고 있었다. 소매업자는 관련 팀장들을 불러 모았다. 이야기를 자세히 들어보니 문제의 원인이 드러났다. 책임자가 누구고 의사 결정의 권한이 누구에게 있는지 정해지지 않았던 것이다. 누가 새로운 입지를 물색할지, 상점이 들어설 도시 선정과 입지 조건, 장소 선정에 대한 최종 결정을 어떤 방식으로 내릴 것인지 명확하지 않았다. 그 결과 담당 직원들은 중복된 일을 하느라 몇 주를 허비했고, 서로 자신의 조건이 좋다고 언쟁을 벌였다. 결정할 때 다수결에 따를 것인지 만장일치로 할 것인지도 합의되지 않았으며 부서 간 동의나 합의가 필요한지조차도 모르고 있었다.

아무 대책이 없자 베스라는 사원은 단독으로 행동하기 시작했다. 베스는 상점 입지를 분석하는 데 경험이 많았고 부동산 지식도 상당했다. 그녀는 대안도 없이 제안을 비판하는 동료들 때문에 화가

나 있었다. 최종 기한이 다가오자 합의가 어렵다고 판단한 베스는 입점 제안을 하기 시작했고 건축가를 고용해 도면을 그렸다. 회의 시간에 직원들이 도시 중심지에 상점이 들어서야 하는지에 대해 토론하자, 베스는 자신이 이미 그 도시 외곽에 제안을 했다고 말했다.

다른 직원들은 이 말에 충격을 받았다. 충격이 어느 정도 진정되자 분통을 터트리기 시작했다. 직원들은 베스가 필요한 일을 했다고 생각하지 않았다. 오히려 베스가 한 일로 자신들의 입장이 난처해질까봐 두려워하며 그녀가 개인적인 공을 세우려고 무리하게 행동했다고 해석했다. 사실 베스는 공을 세우려는 의도가 없었다. 그저 어떻게든 일을 진행하려 했을 뿐이었다. 베스를 제외한 나머지 7명은 하던 일을 잠시 멈추고 업무의 목표와 책임, 절차에 대해 깊이 생각하지 않았다. 대신 일정을 맞추지 못한 책임을 베스에게 돌렸다. "베스가 입지 조사를 잘못해서 전체 일정이 밀리게 되었습니다", "선정한 입지들을 베스가 제대로 분석했는지 의문입니다"라고 상사에게 불평을 했다.

베스는 동료들이 한 짓을 듣고 깜짝 놀랐다. 직접 입지를 조사하고 거래를 진행한 사람은 자기밖에 없었다. 아무것도 안 하고 있는 것보다 무슨 일이든 시작하는 것이 좋다고 생각했고, 허락을 받고 나서 일하는 것보다 먼저 일하고 나중에 용서를 구하는 것이 낫다고 생각했을 뿐이다. 베스는 솔선해서 일을 처리했다고 공을 인정받기는커녕 팀의 실패에 대한 책임을 뒤집어쓰리라고는 전혀 예상하지 못했다.

매우 정치적인 조직이었기에, 다른 팀원 7명은 일정이 늦어진 원인이 베스 때문이라고 비난하는 것이 최종 기한을 맞추기 위해 힘을 합치는 것보다 이득이라는 결론을 내렸다. 경영진은 베스를 불러 어떻게 된 일인지 물었다. 베스는 사건의 전말을 털어놓고 자신을 변호할 수 있었지만, 이미 돌아올 수 없는 강을 건넌 상태였다. 몇 주 후 베스는 회사를 그만두었다. 베스가 회사를 떠나자 팀원들은 처음에는 안도의 한숨을 쉬었지만, 곧바로 문제가 불거졌다. 일을 완수할 가망이 없어 보였기 때문이다. 몇 달 후, 결국 소득 없이 최종 기한을 넘기게 되었다. 소매업자는 나에게 도움을 요청했고 나는 역할 분담과 책임 소재, 의사 결정 과정을 명확히 하라고 조언했다. 이후 회사가 상점을 열기로 한 곳은 얄궂게도 모두 베스가 선정한 곳이었다.

　　공과를 잘 평가하는 기업도 있지만, 내 경험에 따르면 대부분이 문제로 힘겨워했다. 사람들은 부정적인 억측과 소통 부재의 악순환 위에 생성된 기업 문화, 신뢰와 문제를 해결하려는 노력 대신 공포와 비난에 기반을 둔 기업 문화를 싫어한다. 직장 생활이 '비난하느냐, 비난받느냐'의 도박판처럼 느껴지기 때문이다.

　　자기 일을 사랑하는 사람들은 자신이 재능 있으며 자신이 하는 일에서 인정받고 있다고 말한다. 직장에 나가기 두려워하는 사람들은 부당하게 비난받거나 공로를 제대로 인정받지 못한다고 불평한다. 자기 일을 좋아하는 친구가 있다면 왜 그 일을 좋아하는지 물어보라. 아마 그 친구는 보상보다 문화에 대해 이야기할 것이다.

비난 게임　　　　　　　　　　　　　　　　　　　　　　**14**

"팀장님이 내가 한 일을 제대로 인정해줘", "나를 인정해주고 제대로 대우받는 기분이 들어", "상사와 동료들이 나를 보호해주는 느낌이야"라고 말하는 사람까지 있을 것이다. 좋은 상사와 동료는 공로를 정당하게 나누고, 부당하게 비난하지 않는다. 반면 끔찍한 상사와 동료는 칭찬을 가로채거나 책임을 회피하기 위해 온갖 술수를 써가며 사실을 왜곡하고, 부인하고, 망각한다.

공과의 평가는 아주 중요한 문제다. 공로를 정당하게 인정받는지, 혹은 공로를 제대로 인정받지 못하거나 부당하게 비난받는지에 신경 쓰는 것은 인간의 본성이다. 유전적 요인과 어린 시절 경험을 통해 형성된 사회화 과정과 문화적 배경은 직장에서 공로를 인정받고 비난을 주고받는 데 큰 영향을 미친다. 우리의 자존감과 자아는 상사나 동료가 내가 한 일을 몰라줄 때 쉽게 상처받는다. 반대로 일을 잘못했을 때는 비난을 받아 수치심을 느끼지 않도록 자신을 방어한다. 자아고양과 자기방어 때문에 자신에게 유리한 상황을 만들기 위해 과도하게 많은 시간과 에너지를 소비하기도 한다. 진화의 결과, 혹은 어린 시절의 경험 때문에 많은 사람이 인정을 받는 데 지나치게 신경을 쓰고 심지어 그만한 가치가 없는 일을 두고 싸움을 벌이기도 한다. 우리는 지나치게 자존감을 세우고 사회적인 위치를 높이는 데 신경을 쓰느라 장기적으로 보지 못하고 실리적으로 행동하지 못하는 경향이 있다.

인정에 대한 집착이 비극을 부른다

인정과 비난에 좀 더 전략적으로 대처할 수 있다면 우리 삶은 훨씬 나아질 것이다. 로버트 컨스Robert Kearns가 한발 물러나서 큰 그림을 보았다면 어땠을지 살펴보자. 컨스는 간헐석으로 움직이는 자동차 와이퍼를 발명한 사람으로 포드, 크라이슬러 등 대형 자동차회사와 몇 년에 걸쳐 특허권 싸움을 벌였다. 컨스의 사연은 『뉴요커 The New Yorker』에 소개되어 〈플래시 오브 지니어스Flash of Genius〉(2008)라는 영화로도 만들어졌다.[7] 이 이야기를 소개하는 이유는 컨스가 발명품을 인정받는 데 집착한 나머지 부부 관계가 무너졌고 학자로서의 경력도 끊겼으며 정신적인 문제마저 생겼기 때문이다.

컨스는 대학 교수이자 발명가로 헤어 젤이 분사되는 빗이나 유도미사일 시스템 원형 등 여러 발명품을 만들어왔다. 1962년 11월, 비가 내리는 어느 날 컨스는 새로운 아이디어를 떠올렸다. 왜 자동차 와이퍼는 눈이 깜박이듯 움직이면 안 될까? 컨스는 새로운 와이퍼를 만들기 시작했고 마침내 자신이 원하던 것을 개발하는 데 성공했다.

컨스는 어린 시절부터 쭉 디트로이트에서 살았다. 디트로이트는 미국의 3대 자동차회사인 포드, 제너럴모터스, 크라이슬러가 있는 곳으로 컨스는 발명가들이 자동차 부품을 개발해 엄청난 부자가 되는 모습을 많이 봐왔다. 컨스는 자신의 자동차에 새로 발명한 와이퍼를 장착하고 자동차회사를 돌아다니며 발명품을 보여주었다.

포드 자동차가 관심을 보였고, 포드 자동차의 브랜드인 머큐리와 약속을 했다고 생각한 컨스는 새로운 와이퍼 시스템을 시험하고 개선하는 데 막대한 노력을 들였다. 자비로 개발 비용을 부담하면서 아내와 네 자녀에게는 투자비가 지급되는 날까지 참아달라고 부탁했다. 하지만 컨스가 진정으로 바란 것은 돈이 아니라 인정이었다. 그는 세상에 도움이 되는 발명품을 만들어 대중에게 인정받고 싶었다.

문제는 그 후 30년이 지나도록 컨스는 한 푼도 받지 못했고, 30년 후에 받은 것도 그가 바라던 것과는 거리가 멀었다는 점이다. 컨스의 발명품을 본 자동차회사들은 자체적으로 와이퍼 시스템을 개발하기 시작했다. 아이디어를 도용당하고 외면당한 컨스는 크게 분노했다. 컨스는 그 후 30년 동안 자동차회사의 특허 시스템 침해에 대한 소송을 계속했다. 자동차회사가 거액의 합의금을 제안하기도 했지만 컨스는 거절했다. 법정에 서기를 원했고 결국 배심원들에게 자신의 이야기를 전했다. 이 이야기는 전 세계에 알려졌다.

문제는 컨스가 이를 위해 거의 모든 것을 희생했다는 점이다. 결혼 생활, 평생을 모은 저축 등 모든 것을 바쳐 자동차회사가 자신의 아이디어를 도용했다는 것을 입증하려 했다. 컨스는 결국 배심원 판결에 따라 포드와 크라이슬러에서 보상금 2,000만 달러를 받았다. 그리고 아직도 전 세계의 거의 모든 자동차회사와 소송이 남아 있다. 하지만 남은 소송들에서 이긴다고 해도 컨스의 기분이 그다지 나아질 것 같지 않다. 컨스가 조금만 더 전략적으로 사고했다면, 발명가로서 인정받으려다 소중한 것을 잃고 비난과 고통을 겪지 않았어도 되었을 것이다.

비난 게임의 원인

우리가 인정을 받기 위해 무리하고 책임 공방의 악순환에 빠지는 것은 대부분 자신을 긍정적으로 보려는 욕구 때문이다. 그 때문에 자신의 재능에 대한 정보를 무시하거나 왜곡한다 할지라도 개의치 않는다. 많은 사람이 자신이나 자신이 속한 집단에는 다른 기준을 들이댄다. 이는 인간의 본성이다. 이 책은 선악에 관한 것이 아니지만 실제로 사람들은 자신의 책임인 줄 알면서도 뻔한 거짓말을 하거나 남을 비난하고, 나와는 전혀 상관없는 일에도 남이 받아야 할 공로를 가로챈다. 더욱 흥미로운 것은 인정과 책임에 대한 인식 차이다. 사람들은 자신이 실제보다 인정받을 만하다고 믿으며, 너무 쉽게 나는 책임질 것이 없다고 믿는다. 이러한 왜곡된 믿음 때문에 책임 공방에 휘말리게 된다. 인정과 비난을 어떻게 요구하고 평가하느냐는 직장에서 배우고 성장해나갈지, 혹은 정체되어 떨어져 나갈지를 결정하는 중요한 요인이다. 인정과 비난에 따라 우리는 직장에서 신뢰와 존경을 받을 수도 있고, 원망과 비난을 들을 수도 있다. 칭찬과 비난의 역학 관계를 잘 파악하면 조직 내의 경쟁에서 비교 우위를 점할 수도 있다. 전략적으로 공로를 인정하고 과실을 정확히 평가하는 조직에서는 업무가 원활하게 수행되고 학습이 잘 이뤄질 뿐 아니라 조직원들은 일에 만족하고 행복을 느낀다.

하지만 자신과 타인의 공과를 제대로 이해하는 일은 쉽지 않다. 자신을 반성의 시각으로 바라보아야 하고, 각자 이기적이거나 우호적인 관점에서 세상을 보고 있다는 것을 인정해야 한다. 긍정적인 피드백만이 경력에 도움이 되는 것은 아니다. 공로를 인정받는 것을 등산에 비유한다면, 정상에 도달하기 위해서는 여러 차례 비난의 골짜기를 건너야 한다. 내가 주장하고 싶은 것은 공로를 더 인정받으려 하거나 남에게 책임을 뒤집어씌우려 하지 않는다면 엄청난 효과를 볼 수 있다는 사실이다. 이 책에서는 비난 게임에 빠지지 않는 법, 공로 가로채기와 비난을 일삼는 사람을 이겨낼 방법을 제시할 것이다. 이를 위해 비난 게임이 얼마나 빠져들기 쉽고 전염성이 강한지 진화적 · 심리적 · 문화적 관점에서 심도 깊게 살펴볼 것이다. 남을 비난하는 행동이 얼마나 빠르게 확산되는지 보여줄 것이며, 또한 이를 완화할 전략을 공유할 것이다.

먼저 진화심리학에서 얻은 멋진 통찰을 살펴볼 것이다. 이를테면 인간을 포함한 영장류만이 현실을 무시하면서까지 사회생활과 조직의 정치에 과도하게 신경을 쓰는 것은 아니다. 버빗원숭이는 누가 집단을 지배하는지에 지나치게 집착한 나머지 주변에 포식자가 있다는 신호를 놓치기도 한다.[8] 박쥐는 공과에 따라 다른 박쥐와 먹잇감을 나눈다.[9] 또한 아이들의 행동을 살펴보며 어린 시절의 경험이 인정과 비난을 평가하는 데 어떤 역할을 하는지 알아볼 것이다. 어린 시절 가족에게 받은 영향은 우리 생각보다 직장 생활에 큰 영향을 미친다. 그리고 성별과 문화가 공과의 평가에 어떠한 영향을 주는지 살펴볼 것이다.

그다음에는 개인의 성격, 직장 내의 관계, 팀의 역학 관계, 조직 문화가 공과의 평가에 어떤 영향을 주는지 밝히면서 직장에서 벌어지는 추악한 책임 공방의 이유를 생각해볼 것이다. '성공한 개인'이란 병적으로 매사에 남을 비난하는 사람과 모든 일을 자신의 탓이라고 생각하는 사람 사이에서 처신하는 방법을 아는 사람이다. 왜 그렇게 쉽게 남을 비난하는지 공감할 수 있다면 남을 덜 비난하게 될 것이고 비난의 악순환을 멈추거나 최소한 늦출 수 있을 것이다. 우리는 매 순간 정확하게 판단하는 길을 따를 것인지, 솔깃하지만 파멸의 구렁텅이로 이끄는 이기적인 자기합리화의 길을 걸을 것인지 선택해야 한다. 우리는 종종 이렇게 말한다. "해리의 공로도 인정해줘야 할까? 하지만 결국 내 덕에 성사된 거잖아." 혹은 "그래, 내가 잘못하긴 했어. 하지만 팀장 잘못이기도 해. 사전에 경고를 해줬어야지." 우리가 인정하든 아니든, 우리는 자신을 합리화하려는 강렬한 충동을 느낀다. 영화 〈새로운 탄생The Big Chill〉(1983)에서 해럴드 쿠퍼는 이렇게 묻는다. "하루라도 변명을 하지 않은 날이 있어?"

또한 과거에 보상을 받았던 사고와 행동이 환경이 변하면서 더 이상 최적의 답이 아닌 경우도 있다. 변화를 주장하는 개인이나 집단은 비난을 받게 되는데, 변화하려면 일단 한 걸음 후퇴해야 하기 때문이다. 변화와 장기적인 성과를 우선시하면 단기적인 성과는 떨어지기 마련이다. 인정과 비난의 방식이 고정되어 있는 조직은 사회적인 관계와 기득권 때문에 현상 유지를 고집한다. 외부 시장이나 환경에 따라 내부 공과의 역학 관계를 조정하기 쉬운 조직일수록 성공할 가능성이 높다. 정치적인 문제로 닫힌 조직, 즉 현상유지를 고수하는 사람은 인정받고 새롭게 도전하는 사람은 비난을 받는 조직은 빠르게 변화하는 '열린 세상', '네트워크 세상'에서는 위기에 처하게 될 것이다. 인터넷 등의 기술 덕분에 중앙집중형 위계 조직이 분산형 네트워크 조직으로 바뀌고 있다. 어떤 영화가 흥행하고, 누가 〈SNL(새터데이 나이트 라이브)〉의 호스트가 되며, 누구의 여행 동영상이 인기를 얻어 디스커버리 채널에 소개될 것인지를 결정하는 것은 네트워크다. 사람들이 서로 신뢰하고 공로를 정당히 인정하며 정당한 이유에 따라 책임을 묻는 열린 조직은 지나치게 정치적이거나 닫힌 조직에 승리할 것이다. 비난 게임에 빠진 조직은 새로운 세상에 적응하기 위해 힘겨운 시간을 보내게 될 것이다.

비난 게임을 멈추는 법

비난 게임을 중단하기 위해서는 개인과 팀, 조직이 해왔던 대로 생각하고 행동하는 습관을 버리고, 환경에 따라 유연하게 대응하는 새로운 방법을 학습해야 한다. 예를 들면 어떤 병원은 의료사고가 발생했을 때 변호사에게 의지하거나 사건을 은폐하는 대신 책임을 인정하고 해결책을 찾는 데 집중했다. 그 결과 직원들의 실수가 감소했을 뿐 아니라 환자 가족들의 고소도 줄어들었다. 우리는 언제, 어떤 방법으로 실수를 인정하고 책임을 져야 과실을 부인했을 때보다 많은 개선의 기회가 생기는지 살펴볼 것이다. 또한 리더가 만든 조직 문화에 따라 조직의 학습 능력이 크게 향상되기도 하고, 끔찍한 수준으로 떨어지기도 한다는 것을 살펴볼 것이다.

지금까지 경험으로 보면, 자신의 일을 즐기는 사람이나 팀을 능률적으로 이끄는 사람은 인정과 비난에 주의를 기울이고 협력을 위한 문제 해결법을 터득하고 있는 경우가 많았다. 일례로, 예전에 나를 고용했던 부동산 개발업자가 있었다. 그는 혁신적인 친환경 빌딩을 세우기 위해 건축가와 엔지니어, 관리자와 함께 일해달라고 요청해왔다. 온갖 종류의 빌딩을 세워본 경험 많은 사람이었는데, 프로젝트를 처음 시작할 때 사람들을 불러 모으면 나중에 비난 게임을 피하는 데 효과가 있다는 것을 알고 있었다. 거의 모든 경우 시간이 흐를수록 남을 탓하려는 충동이 생기기 때문이다. 일을 시작하기에 앞서 집단 사이의 사회심리학적인 조정은 매우 중요하다. 그는 서로 신뢰하는 환경을 만들어 비난보다는 문제 해결에 집중하도록 했고, 협력의 기반을 구축해 성공적인 결과를 얻을 가능성을 높였다. 인정과 비난을 제대로 관리한 결과 다양한 집단이 서로 도와가며 건물을 성공적으로 완성했고, 환경에 영향을 가장 적게 미치는 건물이라는 기록도 세웠다. 그의 건물은 환경을 오래 보전하는 작품이었고, 그는 디자인, 건축, 운영, 관리 등 관련 분야들이 신뢰와 협력을 오래 유지하도록 하는 데 성공한 리더였다.

인정과 비난의 법칙을 제대로 알고 이를 이용해 직원을 동기를 유발하고 직장 내 관계를 좋게 하는 방법을 숙달하지 않고 훌륭한 상사가 되는 경우는 거의 없다. 공로를 제대로 인정하고 칭찬해주면 저절로 성과를 높이려는 욕구가 생겨난다. 또한 훌륭한 상사나 조직에서 일한다는 믿음이 있으면 실수를 저질러도 떳떳하게 과실을 밝히고 실수에 대한 책임을 지려고 할 것이다. 선의에 의한 행동이라면 용서와 함께 다시 해보라는 격려를 받는다는 사실을 알기 때문이다. 훌륭한 조직에서 일하는 사람은 자신의 실수를 밝히는 것을 두려워하지 않기 때문에, 수동적인 자세로 아무런 시도조차하지 않고 넘어가는 일이 별로 없다. 인정과 비난이 제대로 관리되면 조직에서는 학습과 성장이 자연스럽게 일어난다. 반대로 인정과비난이 부당하게 이루어진다면 사람들은 일을 멈추고 몸을 사리는데 집중할 것이다.

진화의 결과로 물려받은 유전적 성질, 어린 시절 문화적 적응과 사회화의 경험에 대해 다시 생각해봐야 한다. 그래야 비난 게임을 피할 수 있다. 나는 기업 임원을 코칭하고, 조직 발전을 위해 컨설팅할 때마다 그들이 지닌 인정과 비난에 대한 믿음을 되돌아보게한다. 인정과 비난에 대한 그릇된 믿음 때문에 발전보다는 현상유지에 급급해지고 이런 경향은 쉽게 강화되기 때문이다. 내 일은 조직에 잠재된 비난 게임의 원인을 파악하고 악순환을 멈추게 한 뒤, 선순환이 시작되도록 도와주는 것이다. 비난 게임의 악순환이 끊어지면 잠재력이 많은 직원을 적재적소에 배치할 수 있도록 도와주거나, 문제 있는 사람을 지도하거나, 분쟁을 중재하거나, 팀을 재구성하거나 혹은 조직 문화를 변화시킬 수 있다. 하지만 인정과 비난의 법칙을 이해하고 대안을 찾아 전략을 세우려고 하지 않으면 아무것도 할 수 없다.

이 책을 읽고, 당신이 중요한 자리에서 일하게 되었을 때 조직 내 어려운 문제들을 외면하고 회피하는 대신 문제의 현상과 원인을 다시 한 번 생각해볼 수 있기를 바란다. 이 책은 인정과 비난이 개인의 학습, 직장 내의 관계, 조직의 능률에 어떻게 작용하는지에 대한 것이다.

1장에서는 인간이 선천적으로 공과를 어떻게 평가하는지 살펴볼 것이다. 우리는 일이 잘 되면 과도하게 자신의 공로를 인정하고 잘못되면 자신의 책임을 축소하는 경향이 있다. 집단 프로젝트에서 자신이 기여한 바를 과대평가하는 직원에서, 자기합리화를 연차보고서에 반영하는 리더에 이르기까지 다양한 사례를 알아볼 것이다. 2장에서는 가족생활, 성별과 문화의 영향이 인정과 비난에 어떻게 영향을 미치는지 알아볼 것이다. 3장에서는 성격 유형에 따라 달라지는 비난 게임의 유형을 알아본다. 어떤 유형의 사람이 특히 자신의 공을 과도하게 평가하고 비난을 떠넘기는지 살펴볼 것이다. 4장에서는 비난과 인정에 영향을 미치는 상황을 알아보고, 5장에서는 기업 문화에 대해 알아볼 것이다. 인정과 비난은 기업 문화를 결정하는 주요 요인이다. 6장에서는 리더십에 관해 알아볼 것이다. 리더의 인정과 비난이 조직의 성공과 실패에 어떤 영향을 미치는지 설명할 것이다. 마지막으로 7장에서는 앞에 소개한 내용을 바탕으

로 변화와 성장을 위해 어떻게 인정하고 비난할 것인지 실질적인
방법을 제시할 것이다. 이제 시작해봅시다.

contents

1

우리는 왜
인정 욕구에
집착할까

비틀스 멤버들은 화가 많이 나 있었다. 사이키델릭풍의 8번째 앨범 〈서전트 페퍼스 론리 하츠 클럽 밴드 Sgt. Pepper's Lonely Hearts Club Band〉는 성공했지만, 그 공로가 다른 사람에게 돌아간 것 같았기 때문이다.[1] 『타임Time』은 이 앨범이 프로듀서인 조지 마틴의 새 앨범이라고 소개했다.[2] 마틴은 밴드의 사운드를 정의하는 데 결정적인 역할을 했고, 사운드 믹싱에 실험적인 테크닉을 도입해 획기적인 작품을 탄생시켰다. 〈서전트 페퍼스 론리 하츠 클럽 밴드〉는 역사적인 작품이 되었지만, 엄청난 성공과 명성을 얻었을 때조차 공로를 나누는 일은 어렵다는 것을 보여준다.

인간은 언제나, 어떤 문화에서나 인정과 비난을 중요하게 생각하고 세심하게 관심을 기울여왔다. 종교에는 대개 신의 장부, 즉 '생명책'과 같은 개념이 존재하며, 신 혹은 신들이 선행과 악행을 기록하고 현세나 내세에 어떤 상이나 벌을 내릴지 결정한다. 신이나 우주, 카르마(업보)의 심판을 믿지 않는 사람도 선의나 선행은 정당하게 인정받아야 하고 부당하게 비난받아서는 안 된다고 믿는다.

황금보다 달콤한 인정의 유혹

정당하게 인정받고자 하는 욕구가 너무 강하면, 때로 큰 대가를 치르기도 한다. 어느 날 한 친구(프리아라고 부르기로 하자)가 함께 점심을 먹으며 경력에 대해 몇 가지 조언을 구했다. 프리아는 조만간 상사와 만나서 그녀가 받는 대우에 대해 이야기를 나누려고 준비 중이었다. 프리아는 작년 한 해 동안 매우 열심히 일했지만, 역할에 비해 급여가 적었다. 또한 자기 아래 있는 직원 두 명과 직함이 같다는 것도 불만이었다. 프리아는 직함에 대한 불만을 먼저 이야기한 다음 강력하게 진급을 요구하고, 급여 이야기도 꺼내겠다고 했다. 비슷한 직종을 대상으로 조사해봤더니 자신이 2만 달러나 적게 받고 있다고 했다.

이야기를 나누다보니 프리아가 더 신경 쓰는 것은 급여보다는 직함이었다. 내가 이 점을 지적하자 프리아는 "내 밑에서 일하는 직원들과 직함이 같으니 신뢰도가 떨어질 수밖에 없어"라며 바로 동의했다. 하지만 나는 그렇게 생각하지 않았다. 20년 넘게 알고 지낸 사이였기 때문에 프리아가 얼마나 지적이고 카리스마 있는지 알고 있었다. 그녀는 인간적으로나 업무적으로나 좋은 인상을 주는 사람이었다. 업무상 대화를 나눌 때 직함은 부차적인 것에 불과하다. 나는 직함 때문에 신뢰도가 떨어졌던 상황을 한 가지만 예를 들어 달라고 했다. 프리아는 잠시 생각하더니 기억나지 않는다고 했다. 이번엔 그녀의 상사가 그녀를 소중하게 여기는지 물었다. 프리아는 조금도 지체하지 않고 아니라고 말했다. 그녀는 상사를 위해 연설문도 작성하고 많은 일을 대신해주고 있지만 상사는 공식적으로 프리아를 최고의 전문가라고 인정한 적이 한 번도 없었다.

프리아가 진급을 바란 진짜 이유는 외부에 어떻게 보이는지와는 관련 없었다. 설사 있다고 해도 아주 적었다. 프리아가 진급을 원했던 진짜 이유는, 그녀의 상사가 그녀의 역할을 제대로 평가하지 않는다고 느꼈기 때문이었다. 나는 프리아에게 가상의 선택을 해보라고 요청했다. 그럴듯한 직함과 업계 수준의 급여 인상 가운데 어떤 것이 좋은지 물었다. 다시 말해 돈을 주고 새로운 직함을 살 수 있다면 그럴 의향이 있느냐고 물었다. 프리아는 잠시 생각에 잠기더니, 급여 인상이 직함보다 낫다는 사실을 깨달았다. 프리아는 상사에게 인정받는 것을 실제보다 크게 받아들여, 차선을 선택하려던 것이었다.

프리아의 사례는 인정받고 싶은 욕구가 어떻게 직장 생활에 영향을 미치는지 잘 보여준다. 정당하게 인정해주는 상사 밑에서 일하기 위해 우리는 다양한 대가를 치른다. 상사와의 좋은 관계는 급여의 25퍼센트에 달하는 가치가 있다. 사람들은 상사에게 존중받고 가치를 인정받기 위해 높은 급여마저 포기하려고 한다. 나는 프리아에게 했던 것처럼 다른 고객에게도 상징적인 가치와 실질적인 가치를 저울질해보게 한다. 대부분 상징적인 가치와 실질적인 가치를 쉽게 구별하지 못했다. 진화 과정에서 생긴 혼란 탓이다.

인정받기 위해 길들여진 인간

우리는 누가 공로를 인정받고 책임은 누가 져야 하는지 문제에 휘말리기 쉽다. 인정과 비난에 대한 의견이 일치하는 경우보다는 그렇지 않은 경우가 많기 때문이다. 왜 그럴까? 인간의 많은 행동은 진화로 설명할 수 있다.

최근 진화심리학자들은 생존에 대한 압박이 어떻게 초기 인류의 사고와 행동을 형성했는지 밝혀내는 데 상당한 성과를 거뒀다. 이를테면 우리가 기름지고 달콤한 음식을 선호하는 이유, 2007년 서브프라임 모기지 사태가 터졌을 때 위험을 제대로 인식하지 못한 이유, 인종차별이 좀처럼 사라지지 않는 이유 등을 진화를 통해 설명할 수 있다. 우리의 사고와 행동 방식은 과거 아프리카 대초원 시절에서 원인을 찾을 수 있다. 인정과 비난에 과도하게 집착하는 성향도 그곳에서 시작되었다.

세라 브로스넌Sarah Brosnan과 프란스 드 발Frans De Wall은 애틀랜타 여키스국립유인원연구센터에서 침팬지와 꼬리감는원숭이를 대상으로 동물이 불평등에 어떻게 반응하는지 연구했다.[3] 두 학자는 침팬지와 원숭이가 토큰-작은 돌멩이나 파이프-을 내면 먹이와 교환해주었다. 침팬지와 원숭이들은 토큰의 대가로 오이나 셀러리를 받았는데, 일부에게만 오이 대신 맛있는 포도를 주자 직전까지 오이에 만족했던 녀석들이 불만을 나타내기 시작했다. 말 그대로 오이에 등을 돌리고 화를 내며 연구원에게 오이를 집어던지기도 했다. 이런 원숭이와 침팬지의 행동은 직장에서 차별을 당했을 때 우리의 모습을 연상시킨다.

한편 박쥐에게서는 동료 관계에 대한 힌트를 얻을 수 있다. 박쥐의 행동을 연구한 학자들은 박쥐가 인간처럼 사회적인 관계를 기억한다는 사실을 발견했다. 중앙아메리카 지역에 서식하는 흡혈박쥐는 밤에 활동하며 대형 동물의 피를 빨아먹는다.[4] 이들은 먹이를 구하지 못하면 동료에게 도움을 구한다. 매일 밤 박쥐들이 동굴로 돌아오면, 그날 운이 좋아 끼니를 충분히 해결한 박쥐들이 피를 게워 끼니를 충분히 해결하지 못한 박쥐에게 전해준다. 흥미로운 점은 박쥐에게 공정함과 상부상조에 관한 본능적 감각이 있어서 누가 많이 베풀었고 누가 욕심을 부렸는지 기억한다는 것이다. 동료 박쥐에게 도움을 구했다가 거절당하면 다음에는 그 인색한 박쥐와 나누어 먹기를 거부한다. 4장에서 자세히 다루겠지만 인간 역시 상호적인 사회관계에 각별히 주의를 기울인다.

존 스테이시 애덤스John Stacey Adams는 기업행동심리학자로 형평성이론equity theory을 개발했다. 애덤스는 직장에서 사람들이 언제 어떤 이유로 부당한 취급을 받는다고 느끼는지 설명하고, 불공평하다고 판단했을 때 어떻게 반응하는지 예측했다.[5] 애덤스는 직원들이 일에 투입한 것(시간이나 노력, 개인적인 희생 등)과 고용인에게서 받은 결과(급여나 인정 등) 사이에 균형을 유지하려고 애쓴다는 사실을 발견했다. 형평성이론에 따르면 우리는 공정함에 대한 천부적인 감각이 있어서 투입한 것에 비해 결과물이 어떤지 다른 사람과 비교하려고 한다. 만일 고생은 고생대로 하고 당연하다고 여겼던 승진을 하지 못한다면, 누가 봐도 태만한 동료가 모두 부러워하는 자리로 발령이 난다면 우리는 상사에게 등을 돌리고, 심지어는 원숭이가 오이를 던지는 것과 유사한 행동을 하게 될 것이다. 불공평하고 인색하며 상부상조하지 않는 조직이라고 인지하게 되면, 협력할 기분이 사라지고 내가 당한 부당함을 갚을 방법을 찾게 된다.

이게 다 뇌 때문이다

우리 뇌는 생존의 위협에 빠르고 무의식적으로 판단을 내리도록 진화했다. 많은 정보가 한꺼번에 주어질 때 빠르게 대응할 수 있도록 문제를 단순화한다. 인간이라는 종은 시간이 흐르면서 심리적 지름길(과거의 경험에 기대 미래의 결과를 판단하는 것처럼)을 이용하게 되었다. 우리는 종종 인지적 착각cognitive illusions을 한다. 이성적으로 정확한 평가를 내려야 할 때도 무의식적 추론에 따라 잘못 판단하곤 한다. 심리학자 대니얼 길버트Daniel Gilbert가 『행복에 걸려 비틀거리다Stumbling on Happiness』에서 썼듯이 "우리는 눈이라는 깨끗한 유리창을 통해 세상을 있는 그대로 바라보고 있다고 생각한다. 뇌가 기억과 인지의 조각을 짜 맞춰 고도의 사기극을 벌이고 있다는 사실을 잊어버린다. 내용 하나하나가 너무 구체적이고 훌륭해서 그것이 허구라는 것을 거의 느끼지 못하기 때문이다."[6]

우리는 생각보다 훨씬 적게 생각하고 행동한다. 의식적으로 결정을 내리기 전에 이미 무의식적으로 결정을 내린다는 연구 결과도 있다. 연구자들은 실험 참가자가 버튼을 누를 것인지 결정하기 7초 전에 이미 그 결정을 예측할 수 있다는 사실을 밝혀냈다.[7] 인정과 비난에 대한 실험은 아니지만, 이 실험이 시사하는 분명하다. 무의식이 결정권을 쥐고 있다는 사실이다.

우리의 뇌는 과거에 비해 크게 달라지지 않았기 때문에, 우리는 행동하기 전에 깊이 생각하지 않을 가능성이 높다. 해고가 임박한 사무실의 착잡하고 감정적인 환경에서 직원들이 석기시대 원시인처럼 행동하는 이유는 그 때문일지도 모른다.

인간은 진화 과정에서 신뢰와 공정함을 너무 중요시해 그릇된 결정을 내리기도 한다. 이런 성향은 1982년 독일 경제학자 베르너 귀트Werner Güth와 동료들이 고안한 '최후통첩 게임'이라는 실험을 통해서 살펴볼 수 있다.[8] 두 사람에게 돈을 나눠가지라고 한다. 첫 번째 사람에게 돈을 얼마씩 나눌지 결정할 권한이 있고, 두 번째 사람은 이를 거부할 수 있다. 두 번째 사람이 첫 번째 사람의 제안을 거부하면 두 사람 모두 한 푼도 받지 못한다. 이성적으로 생각한다면, 두 번째 사람은 어떤 제안이든 받아들여야 한다. 그래야 다만 얼마라도 받을 수 있기 때문이다. 하지만 전 세계 다양한 문화권에서 실험해본 결과, 반반으로 나누지 않았을 경우(가령 80 대 20 등) 두 번째 사람은 제안을 거부했다. 동료가 받은 포도 때문에 화가 나서 오이를 집어던진 원숭이처럼 인간 역시 부당한 대우를 받느니 차라리 아무것도 받지 않으려 한다. 감정적 유전자가 합리적인 경제관념에 승리를 거둔 것이다.

우리의 뇌가 인식과 행동을 왜곡하는 다른 방법은 성공의 공로는 실제보다 대단하게, 실패에 대한 책임은 하찮게 여기도록 유도하는 것이다. 이러한 행동 특성은 심리학자 앤서니 그린월드 Anthony Greenwald가 베네펙턴스beneffectance라고 명명한 것으로 선행 beneficence과 효능effectance을 합성한 말이다.⁹ 그린월드는 베네펙턴스를 '성공하면 인정받으려 하고 실패하면 책임을 회피하려는 경향'이라고 정의했다. 일부 연구 결과에 따르면 사람들, 특히 서구인은 자신이 집단 내에서 기여한 바를 과도하게 부풀리려 한다. 대중 연설부터, 일 때문에 빠져야 했던 모임까지 모든 행위를 집단에 기여한 것으로 인정한다. 집단 구성원들에게 자신이 집단의 성과에 몇 퍼센트나 기여했는지 예측해보라고 하면 총합이 100퍼센트를 훨씬 넘는다.

우리는 대개 미래에 대해 극도로 낙관적이다. 대인 관계나 지적 능력이 뛰어나기 때문에 결혼 생활이나 직장 생활을 행복하고 성공적으로 할 것이라고 생각한다. 심리학자들은 이러한 특징을 기만적 우월감illusory superiority이라고 부르며, 긍정적인 면을 과대평가하고 부정적인 면은 과소평가하는 인지 편향을 일컫는다. 워비곤 호수 효과Lake Wobegon Effect라고도 하는데 개리슨 케일러Garrison Keillor

가 창조한, 모든 아이가 평균 이상인 가상의 마을에서 따온 이름이다. 모든 사람은 자신을 평균 이상으로 보는 경향이 있다. 심리학자 스티븐 핑커Steven Pinker는 『빈 서판The Blank Slate』에서 이렇게 썼다.

사람들은 시종일관 자신의 능력, 정직성, 관대함, 자율성을 과대평가한다. 공동으로 노력한 데 들어간 자신의 기여를 과대평가하고 자신의 성공을 능력 덕으로, 실패를 불운 탓으로 돌리며 항상 상대방에게 더 좋은 조건을 양보했다고 느낀다. 심지어 거짓말탐지기를 사용할 때도 이기적인 착각에서 깨어나지 못한다. 이것은 그들이 실험자에게 거짓말하는 것뿐 아니라 자기 자신에게도 거짓말하고 있음을 보여준다. 수십 년 전부터 심리학도라면 누구나 '인지 부조화 해소'라는 이론을 배운다. 사람들은 긍정적인 자아상을 유지하는 데 필요하다면 어떻게든 생각을 바꿔서 인지 부조화를 해소한다.[10]

버트런드 러셀Bertrand Russell은 이렇게 말했다. "누구나 어딜 가든 자신을 위로해주는 신념에 휩싸여 있다. 그 신념은 여름날 파리 떼처럼 어디를 가든 쫓아온다."[11]

얄궂게도 기여도와 능력을 가장 부풀려 평가하는 사람은 대개 가장 재능이 없는 사람이다. 1999년, 코넬대학교의 저스틴 크루거Justin Kruger와 데이비드 더닝David Dunning이 학생들을 대상으로 수행한 연구를 살펴보자.[12] 이들은 학생들에게 논리력, 문법, 유머 감각을 시험하고 자신의 순위가 어느 정도일지 추측해보라고 했다. 결과는 가장 점수가 낮은 학생들이 자신을 제일 높게 평가했다. 그들은 자신이 실제보다 능력이 뛰어나다고 생각했고 실제 순위보다 높게 자신을 평가했다.

자신을 속여서라도 '나는 위대한 인물'이라고 생각하는 경향은 여기서 그치지 않는다. 사람은 자신의 단점보다는 장점이 본질에 가깝다고 믿는다. 그래서 '근면한 직원'이라거나 '남의 말을 잘 들어주는 사람'이라는 평가를 들으면 속으로 '그래, 역시 그렇지'라며 긍정하게 된다. 하지만 '집중력이 부족하다'거나 '지나치게 붙임성이 있다'라는 평가는 곧이곧대로 받아들이지 않으려 하며, 심지어 그런 평가를 한 사람에게 따지려 들기도 한다. 평가가 신뢰할 만한 경우에도 마찬가지다.

이기적인 성격은 인간의 본성

베네펙턴스 왜곡은 자기 고양적 편향self-serving biases이라는 큰 범주 안에 포함된다. 자기 고양적 편향이란 지나치게 긍정적인 방법으로 능력과 성취를 왜곡하여 평가하는 무의식적인 절차를 말한다. 우리는 기본적으로 칭찬과 인정을 받으려 하고 실패했을 때는 어떻게든 그 원인을 외부 요인으로 돌린다. 이런 경향은 조직의 리더도 예외가 아니다. 1980년대에는 기업 임원들이 이미지를 방어하고 평판을 유지하기 위해 이기적인 방법으로 공로를 가로채는 이기적인 행동에 대한 연구가 많았다. 그들은 좋은 결과는 자기 공로로 돌리고 부정적인 결과나 책임은 외부 요인이나 환경 탓으로 돌렸다.

제럴드 샐란식Gerald Salancik과 제임스 마인들James Meindl은 경영진이 주주에게 보낸 편지를 연구한 결과, 경영진이 빈번하게 공로를 자신의 몫으로 돌리는 사실을 발견했다.[13] 경영진이 실적이 좋으면 자신들의 공로로 돌리고, 실적이 나쁘면 환경 탓으로 돌리는 경우는 그렇지 않은 경우보다 3배 정도 많았다. 올해 실적이 나쁜 제조 기업이 하나 있다고 하자, 그 기업의 경영진은 실적 하락의 이유를 경기 침체나 값싼 외국 수입품 때문이라고 말할 것이다. 반면 환율이나 수요 반등 같은 외부 요인으로 실적이 올랐을 때는 경영진의 판단력과 실행력 덕분이라고 주장할 것이다.

에드워드 G. 로고프Edward G. Rogoff와 이명수, 서동철은 중소기업 경영에 관한 연구에서, 기업가들은 사업이 성공하면 자신의 경영 철학이나 경영 기법을 언급하며 자신의 공로로 돌리는 반면 사업이 어렵거나 실패했을 때는 세금이나 자금 유치 문제 등 외부 환경 탓으로 돌린다는 연구 결과를 발표했다.[14] 실패 원인은 기업가의 기획 능력 부족이나 비전의 부재일 수도 있는데 말이다. 이 연구를 진행한 연구자들은 기업가들을 두 집단으로 나누어 기업의 성공이나 실패의 원인에 대해 물었다. 첫 번째 집단은 약국 주인 189명, 두 번째 집단은 다양한 분야의 종소기업가 231명이었다. 연구원들은 교수와 MBA 과정 이수자, 비즈니스 카운슬러 등 기업 전문가 16명에게도 기업의 성공과 실패가 무엇에 달려 있는지 물었다. 기업가들은 기업이 겪는 어려움 중 84.1퍼센트를 기업 외부의 요인 때문인 것으로 보았다. 정부 규제와 노동 시장 문제 등을 주요 요인으로 꼽았다. 반면 전문가들은 기업의 어려움 중 72.6퍼센트를 경영 철학, 관련 지식, 헌신적인 자세 등 기업가와 관련된 것으로 보았다.

공로를 자신에게 돌리는 행위는 자기 존중과 타인에 의한 사회적 존중이 뒤섞인 양면성을 지니고 있다. 좋은 결과가 나왔을 때는 내 탓으로, 나쁜 결과는 남 탓으로 돌리는 것은 자존감을 보호하기 위한 솔깃한 전략이다. 하지만 이 전략을 남발하면 장기적으로는 자신의 기여와 능력을 올바르게 평가받지 못하게 된다. 사회적 존중도 비슷하다. 부당하게 인정받으려고 하거나 정당한 비난을 거부하고 싶은 유혹은 단기적으로는 유효할 수 있으나, 장기적으로는 위험하다. 많은 인정을 받고 비난받을 일을 하지 않는 사람은 타인에게 믿음을 준다. 하지만 탐욕스럽게 공로를 인정받으려 하거나 부당하게 남의 탓을 한다는 평판이 쌓이기 시작하면 사회적 존중은 급격히 하락할 수 있다.

심리학의 귀인이론歸因理論, attribution theory은 우리 뇌가 어떻게 이기적인 평가를 믿게 하는지 흥미롭게 설명한다. 귀인은 크게 두 가지로 나뉜다. 개인적 귀인은 행동의 근거로 개인의 능력, 인성, 기분, 노력 등을 드는 것이고, 상황적 귀인은 외부 상황이나 환경적 요인을 근거로 드는 것이다. 예를 들어 상사가 큰 소리를 내며 사무실에 들어와 사소한 일로 잔소리를 늘어놓는다면, 상사가 나간 후 직원들은 "어떻게 나한테 이럴 수 있지?" 혹은 "정말 감정 조절 못하네. 저런 사람이 어떻게 저 자리까지 간 거야?"라고 흉볼 수 있다. 이런 경우가 개인적 귀인이다. 상사의 행동을 인성적 특징으로 설명하기 때문이다. 다른 이유로 상사의 행동을 설명할 수도 있다. 집에 문제가 있거나, 더 윗사람에게 한바탕 야단을 맞은 후일 수도 있다. 그럴 때 반응은 다음과 같을 것이다. "다른 일로 화가 난 게 분명하지만, 나한테 화풀이를 하면 안 되지."

자신의 행동에 대해서도 마찬가지다. 어떤 결과에 일관성 없는 근거를 대는 것은 아주 손쉽게 일어난다. 예를 들어 공로를 챙길 때는 개인적 귀인으로 설명하고("나는 승진할 자격이 충분히 있어. 사실 실력에 비하면 승진이 너무 늦은 편이지"), 실패했을 때는 상황적 귀인으로 설명한다("내가 승진하지 못한 것은 상사가 나를 싫어해서야").

매니토바대학교의 캐스린 솔니어Kathryn Saulnier와 대니얼 펄만Daniel Perlman은 죄수와 변호사에게 왜 범죄를 저질렀는지 물었다.[15] 죄수는 상황적 요인 때문에 감옥에 들어왔다고 대답했고, 변호사는 죄수 자신의 문제 때문이라고 대답했다.

만약 내가 담당하는 중요한 고객을 잃었다면, 나는 고객 회사의 예산이 삭감되었기 때문이라고 상황 탓을 하고 싶겠지만, 상사는 내가 게을러서 고객과 자주 접촉하지 않았기 때문이라고 할 수 있다. 동료의 성격에 대해서는 고집불통이라고 여기면서, 비슷한 내 성격에 대해서는 단호하다고 긍정적으로 평가할 수도 있다. 동료가 실수를 저지르면 나도 저질렀던 실수임에도 즉각 비난을 퍼붓는다. 하지만 내가 같은 실수를 하면 먼저 이렇게 말한다. "내 탓 아니냐. 절차에 문제가 있었어."

고릴라보다 나을 것 없는 비난 본능

자기중심적 편향과 이중적인 기준 때문에 우리는 자신에게 관대하고 타인에게 객관적으로 대하지 못하는 듯하다. 자신의 결정과 행동은 아주 잘 이해하는 반면, 타인에게는 쉽게 짜증을 내고 비난을 퍼붓는다. 소설 『무한한 농담Infinite Jest』으로 유명한 소설가 데이비드 포스터 월리스David Foster Wallace가 케니언대학교 2005년 졸업 연설에서 이렇게 말했다. "무심코 확실하다고 믿었던 것들 대부분은 완전히 잘못된 것이었고 대단한 착각이었다."[16] 월리스의 말대로 우리는 세상을 자신의 눈으로만 보기 때문에, 다른 사람의 관점과 상황은 고려하지 않고 타인의 행동에 대해 성급하게 결론을 내린다. 월리스는 연설에서 어떤 운전자가 나를 치었다고 해서 나를 죽이려고 한 것은 아닐 수 있다고 말했다. 아픈 아이를 병원으로 데려가는 아버지였는데, 내가 길을 가로막고 있었던 것일 수도 있다는 것이다. 우리는 종종 타인의 상황과 동기는 자연스럽게 단순화하고, 거기에 비난을 퍼붓는다. 우리에게는 다양한 상황에서 즉시 타인을 비난하려는 본능이 있는지도 모른다. 우리 안에 자기 보호가 깊이 자리 잡고 있는 것처럼 남을 희생양으로 삼아 책임을 전가하려는 충동도 깊이 자리 잡고 있다.

코코(이 책에서 언급하는 다른 이름과는 달리 코코는 실명이다)라는 캘리포니아에 사는 암컷 고릴라의 이야기를 살펴보자. 코코는 1,000여 개의 단어를 학습해서 연구원과 수화로 소통한다고 알려져 있다. 어느 날 밤, 코코는 가지고 놀던 장난감 고양이를 고장냈다.[17] 다음 날 아침 코코를 담당하는 연구원이 어떻게 된 것인지 묻자, 코코는 대뜸 야간 근무하던 직원 탓이라고 대답했다. 초기 인류와 유사하게 코코는 자신의 잘못을 무심코 남의 탓으로 돌렸다. 벌을 받거나 '종족'(이 경우엔 코코를 담당하는 연구원 집단)에게 쫓겨날까 두려웠기 때문이다. 인류 조상들에게 종족 집단에서 추방당하는 것은 죽음을 의미했다. 인간의 선조인 유인원들도 그다지 어렵지 않게 책임을 남에게 떠넘겼을 것이다.

남을 희생양으로 삼는 행위는 고대부터 내려오는 관행으로, 대부분의 문화에서 확인할 수 있다. 속죄라는 용어 자체는 성서에 나오는 유대교의 속죄일 의식에 기원을 두고 있다. 이 의식에서는 염소가 인간의 죄를 짊어진 채 야생으로 쫓겨난다.[18] 역사적으로 인간은 일이 잘못되었을 경우 의식을 통해서 그 책임을 전가해왔다. 전가 대상은 토기土器를 비롯해 뱀이나 다른 동물, 때로는 인간까지 다양했다. 스코틀랜드 인류학자이자 1890년 12권으로 구성된 고전 『황금가지The Golden Bough』를 출판한 제임스 프레이저James Frazer는 이런 의식에 '악의 전이the transference of evil'라는 이름을 붙였다. 그는 이렇게 썼다(식민지 시대였다는 점을 감안하고 읽기 바란다).

죄와 고통을 다른 존재에게 떠넘겨 대신 감당하게 할 수 있다는 생각은 미개인에게는 익숙한 사고방식이다.⋯⋯나무나 돌 같은 짐을 우리 등에서 다른 사람의 등으로 옮기는 것이 가능하기 때문에, 자신의 고통과 슬픔의 짐을 다른 사람에게 옮겨 그가 대신 감당하게 하는 것도 가능하다고 상상하는 것이다. 그들은 이런 생각을 근거로 행동하며, 자신이 감당하고 싶지 않은 고난을 다른 누군가에게 떠넘기기 위해 수많은 불쾌한 수단을 만들어낸다.[19]

프레이저는 고대인이 벌였던 기이한, 대개는 피를 불렀던 희생양 의식 수십 가지를 상세하게 묘사한다. 아랍 부족들은 역병으로 고통 받을 때, 병의 원인을 모두 가져가도록 낙타를 데려와 마을의 성스러운 장소에서 목을 졸라 죽였다. 인도 중부의 오래된 마을이 콜레라로 피해를 입자, 해가 진 후 주민은 모두 집으로 피신하고 성직자들이 거리를 다니며 지붕에서 지푸라기 하나씩을 뽑아 마을 사람들이 바친 쌀과 기ghee(인도 정통 버터─옮긴이), 강황薑黃과 함께 태웠다. 성직자들은 닭의 몸에 칠을 한 뒤 연기가 이동하는 방향으로 몰고 가며, 닭에게 병이 옮겨가길 바랐다. 닭으로 실패하면 염소나 돼지를 이용하기도 했다.

1857년, 볼리비아와 페루의 아이마라족은 역병으로 고통받았다. 아이마라족은 검정 라마 한 마리에 병든 사람의 옷을 실었다. 옷 주위에 술을 뿌리고 산으로 데려가 병이 사라지기를 기원하며 라마를 풀어주었다. 중세 유럽에서는 동물이 잘못을 저지르면 재판에 회부되기도 했다. 재판장에 선 짐승은 겁도 없이 교회 내부의 나무를 씹어 먹은 딱정벌레부터 농부의 밭을 삼켜버린 메뚜기, 주정뱅이를 도랑에 빠뜨린 돼지까지 다양했다. 줄리언 반스Julian Barnes는 『아무것도 겁나지 않아Nothing to be Frightened of』에서 이렇게 묘사했다.

> 때로는 동물이 재판장에 불려나왔고, 부득이한 이유(불려나올 동물이 곤충일 경우 등)로 결석재판이 열리기도 했다. 기소인과 변호인, 법복을 입은 재판관이 참석해 형벌(보호 관찰이나 유배, 파문까지도)을 내리는 정식 공판이었다. 때로는 처형도 집행했다. 법원 집행관이 장갑과 두건을 쓰고 돼지를 교수형에 처했을 수도 있다.[20]

마녀사냥: 집단의 어리석은 잔인함

인간 역시 빈번하게 희생양이 되었다. 1692년 매사추세츠주의 종교 공동체인 세일럼 빌리지에서는 마법을 행하고 악마와 춤을 추었다는 이유로 100명이 넘는 사람이 기소되었다. 이 사건은 소녀 2명의 고소로 시작되었는데, 19명이 교수형을 당했다(추가로 5명이 감옥에서 사망했고, 그중에는 아이 1명도 포함되어 있었다).[21]

세일럼 사건은 역사가들의 관심을 끌어왔다. 역사가들은 당시의 편지나 일기 등을 근거로 그런 광기 어린 비극이 벌어진 이유를 밝혀내고자 했다. 이 사건은 개인과 집단, 그리고 그들을 둘러싼 문화가 어떻게 구성원을 공격하는지에 대한 놀라운 이야기를 들려주었다. 세일럼 주민들은 늘 전쟁의 위협을 느끼며 살았다. 자신들보다 압도적으로 수가 많은 아메리카 원주민의 기습 공격 때문에 매일 공포에 떨어야 했다. 전염병의 위협도 그들을 괴롭혔고, 이웃끼리 서로 병이 옮지 않을까 경계해야 했다. 지역 경제가 붕괴되자 부유한 구성원에 대한 분노가 쌓였다. 그리고 완고하고 경직된 도덕률이 일상생활에 스며들어 무분별하게 강요되었다. 이 모든 요인이 더해져 공포와 불신, 원한이 쌓였고 아주 작은 불씨만 지펴도 큰일이 날 상황에 이르렀다. 공포, 특히 보이지 않는, 불가해한 힘에 대한 공포는 희생양을 만들어 내는 주요 동기가 된다. 진화심리학자를 비롯한 전문가들은 마녀사냥이 반드시 과거의 일이라고 생각해서는 안 된다고 말한다.

미국 금융위기 당시, 금융보험업계의 거대기업 AIG가 파산한 직후 임원 수십 명이 보너스로 1억 6,500만 달러를 챙겼다는 소식[22]이 전해지자, 미국 국민들은 숨이 턱 막히는 기분을 느꼈다. 이어 거대한 분노의 물결이 일었다. "어떻게 저럴 수 있지!" AIG는 미국 연방정부의 구제금융을 받아 회생했는데, AIG 임원들이 보너스(이직을 방지하기 위한 보너스라고 할 수 있지만, 전반적인 언론과 여론의 반응은 부정적이었다)를 받을 자격이 있는지에 대해서는 여러 의견이 있을 수 있다. AIG의 부실한 경영은 파산의 주요 원인 중 하나지만, 금융위기의 원인은 훨씬 복잡해서 하나의 원인이나 조직 탓으로 보기 어렵다. 그러나 얼마나 복잡하고 다양한 원인이 얽혀 있는지에 관심을 기울이는 사람은 거의 없었다. 전 미국이 AIG에 비난을 퍼부었다.

정치커뮤니케이션 전문가 캐슬린 홀 제이미슨Kathleen Hall Jamieson은 『뉴욕타임스The New York Times』 기사에서 이렇게 말했다. "이런 상황에서는 피해자와 악역이 있어야만 합니다." [23]

하지만 희생양을 내세우는 행위는 사회와 조직의 훨씬 심각한 문제를 감출 가능성이 있다. 희생양을 몰아가는 데 집중한 나머지 시스템이나 기업 구조·문화·경제력·고령화·기술 부족 등을 간과할 가능성이 있다. 조엘렌 포즈너Jo-Ellen Pozner는 기업체에서 직원을 희생양으로 삼아 부당 경영의 책임을 전가하는 경우가 얼마나 많은지 연구했다. 포즈너의 연구에 따르면, 기업들은 기업 전반에 존재하는 까다로운 장애와 구조적인 문제를 직급이 낮은 사원 탓으로 돌리려고 한다. 『샌프란시스코비즈니스타임스San Francisco Business Times』에서 포즈너는 "희생자로 삼을 사람 두어 명 확보하는 것은 기업에서는 일도 아니다. 아주 손쉬운 방법으로 이들을 이용해 기업의 신용을 지킨다"라고 말했다. [24]

역사를 살펴보면 집단 구성원이 박해를 받거나 쫓겨나는 장면을 어렵지 않게 찾을 수 있다. 요즘 기업들도 위기에 처하면 크게 다르지 않게 행동한다. 기업이 위기에 처하면 임금이 낮아지거나, 내부 갈등이 생기고, 경쟁이 치열해진다. 부서가 통째로 아웃소싱되거나 없어진다. 하지만 경영 전문가들은 일시적 해고가 기업 실적에는 아무런 도움이 되지 않으며, 감원 외에도 대안은 많다고 주장한다. 많은 경우 결국 해고한 직원을 복직시키는 데 더 많은 비용을 쓰게 된다. [25] 그런데도 기업은 사업이 어려울 때면 특정 개인이나 부서에 책임을 전가하려는 원시적 본능에 굴복하고 만다. 많은 리더와 조직이 실패의 진짜 원인-복잡하고 잘 드러나지 않지만-을 파악하고 개선할 기회를 놓치고 만다. 희생양은 단기적으로는 조직의 결속을 높여주지만 희생양이 한 명으로 끝나는 경우는 거의 없다. 누군가를 희생양으로 삼으면 사람들 사이의 관계가 나빠지기 시작하고 조직 문화에 위기를 불러와 조직 전체를 위협하게 된다.

백인은 흑인보다 믿을 만할까?

인간이라는 종은 아주 쉽게 책임 전가 행렬에 휩쓸린다. 우리의 뇌는 여러 가지 강력한 무의식적 절차를 통해 누구에게 책임을 돌릴지 결정한다. 불행하게도 비난받아 마땅한 사람에게, 비난받아 마땅한 일로, 올바른 사유를 물어, 제때에, 올바른 방법으로 책임을 묻는 경우는 거의 없다.

개인과 집단에게 책임을 전가하는 기분 나쁜 방법 가운데 스테레오 타이핑이 있다. 인종이나 국적, 성별에 대한 고정관념을 기반으로 개인을 판단하는 것이다. 이 방법 역시 인류가 진화 과정에서 습득한 방법으로 보인다. 과거에는 생사가 걸린 결정을 내릴 때 스테레오 타이핑을 이용해 빠르게 의사 결정을 내릴 수 있었다. 강 건너에서 나를 바라보고 있는 생물체는 나를 친구로 여기고 있는가, 아니면 점심거리로 생각하는가? 만인 그 생물체가 같은 인간이 아니거나 적대적인 부족원이라면 재빨리 알아채야 한다. 그렇지 않으면 내가 당할 수 있기 때문이다. 먼 옛날에는 친구는 친구였고, 적은 적이었다. 그 사이에 세밀한 눈금이나 구분은 존재하지 않았다. 하지만 오랜 세월이 지난 지금도, 교육을 많이 받았거나 사람은 모두 평등하다고 생각하는 사람이더라도, 스테레오 타이핑에 무의식적으로 영향을 받는다.

하버드대학교의 심리학자 앤서니 그린월드Anthony Greenwald와 데비 맥기Debbie McGhee, 조던 슈워츠Jordan Schwartz는 1990년대 후반 내재적 연관검사implicit association test, IAT를 창안했다.[26] 인터넷(https://implicit.harvard.edu/implicit/)에서 이 테스트를 받을 수 있다. 화면에 나타나는 그림을 보고 해당하는 단어나 '연관' 단어를 선택하면, 얼마나 빨리 단어를 선택했는지 시간을 측정한다. 성별, 성적 취향, 나이 등에 관한 테스트가 있지만 인종에 대한 스테레오 타입 테스트가 가장 유명하다. 이 테스트에서는 백인과 흑인의 얼굴을 보여주고 긍정적인 단어(신뢰)나 부정적인 단어(범죄)와 연관 짓게 한다. 기본적으로 두 번 테스트를 하는데, 처음에는 긍정적인 단어를 백인이나 흑인 사진에 연관 짓고, 그다음 부정적인 단어를 연관 짓는다. 이 테스트를 통해 흑인과 긍정적인 단어를 연결할 때 대부분 시간을 지체한다는 것이 드러났다. 무의식적으로 흑인을 부정적인 단어와 연관 지으려는 편향이 존재한다는 뜻이다. 백인과 긍정적인 단어를 연결 지으려는 편향도 발견되었다. 사람들은 백인을 신뢰할 만한 것으로 흑인을 비난받을 만한 것으로 연관 짓는 데 빠르게 반응한다는 의미다. 테스트 점수는 인종과 사회적인 배경, 속한 집단에 따라 크게 달라진다.

　다행스럽게도 미국 기업에는 법적인 보호를 받아야 하는 특정 집단을 위한 법률적·민족적·문화적 근거가 존재한다. 성차별과 인종차별이 아직 남아 있긴 하지만, 모든 직원을 동등하게 처우하는 조직은 혜택을 받는다. 기업은 내부에서 집단 간 싸움이 생기지 않도록 주의를 기울여야 하고, 특정 집단의 어떤 속성이나 우연히 맡게 된 역할에 그 사람을 부당하게 연관 짓지 않도록 주의해야 한다.

악역 배우를 미워하는 이유

　2009년 12월, CBS는 장수 아침 드라마인 〈애즈 더 월드 턴즈 As the World Turns〉를 종영한다고 발표했다. 에일린 펄튼Eileen Fulton이 연기한 리사는 텔레비전 드라마 역사상 최초의 악녀로, 1960년 드라마가 시작한 이후 9번 결혼하면서, 이혼과 사별을 두루 경험했다. 처음에는 상냥한 이웃집 소녀 역할이었지만, 시간이 흐르면서 리사의 어두운 면이 강조되었고 모두가 싫어하는 역할로 바뀌었다. 시청자들은 배우 펄튼과 드라마 속 리사를 같은 인물로 보기 시작했다. 신변의 위협을 느낀 펄튼은 경호원을 고용해야 했다. 다음은 펄튼이 미국 공영 라디오NPR 프로그램 〈모닝 에디션〉에서 인터뷰한 내용이다.

　(팬들은) 나를 미치도록 증오했어요. 로드 앤 테일러 백화점 앞 길

모퉁이에 서 있을 때였어요. 한 귀부인이 내게 다가와 말했어요. "당신이 리사요?" 처음으로 팬에게 사인을 해주겠구나 생각하며 말했죠. "맞아요. 제가 연기해요." 그랬더니 "네가 정말 싫어"라 고 말하며 나를 치더군요. 그게 시작이었어요. 전 무서웠어요.[27]

드라마 팬들은 귀인 오류에 빠져 펄튼이 연기한 가상의 인물 을 바탕으로 펄튼을 심판했다. 비슷한 일이 퀴즈 쇼 〈제퍼디! Jeopardy!〉의 진행자 알렉스 트레벡에게도 일어난다. 〈제퍼디!〉 공식 웹 사이트에서 소개한 대로 트레벡은 오타와대학교에서 박사 학위 를 2개나 받았다. 트레벡은 지적인 사람이겠지만, 어떤 팬들은 당연 히 트레벡이 정답을 모를 거라고 생각한다.[28]

스탠퍼드대학교의 심리학자 리 로스Lee Ross와 테레사 아마빌 Teresa Amabile, 줄리아 스타인멧Julia Steinmet은 1977년 퀴즈 쇼 모의실 험을 이용해서 기본적 귀인 오류fundamental attribution error라는 현상을 연구했다.[29] 연구자들은 사람들에게 무작위로 퀴즈 쇼의 참가자 혹 은 진행자 역할을 맡겼다. 그리고 함께 연구에 참여한 사람들에 대 해 평가해 달라고 요구했다. 사람들은 무작위로 역할을 지정했고, 문제도 무작위였다는 사실을 알면서도 진행자 역할을 맡은 사람이 훨씬 지적이라고 평가했다.

우리는 그 사람이 맡은 역할에 따라 아주 쉽게 그 사람을 인정 하거나 비난한다. 내가 수년 간 코칭했던 최고재무책임자들은 회사 에서 사람들이 자신을 차갑고 계산적으로 보는 이유가, 단지 맡은 일이 기업의 지출을 엄중히 감시하는 역할이기 때문이라고 불평했다. 법무 자문을 맡은 변호사 대부분은 자신이 완고하고 융통성 없으며 따지기 좋아하는 사람으로 비치는 이유는, 법과 규제를 제대로 따르는지 확인해야 하는 책임이 있기 때문일 뿐이라고 말한다. 기업의 변화를 위해 투입된 관리자나 임원은 조직 내부의 거센 저항에 부딪치게 된다. 그리고 변화를 일으키지 못한 책임이 자신에게 돌아올 것을 두려워한다. 일부 여성들은 달성하기 어려운 목표와 턱없이 부족한 자원 앞에서 실패에 대한 부담감을 느끼며, 불가능한 일을 해내지 못하면 희생양이 될 것이라고 생각한다. 여성이 유리 천장(여성이나 소수집단이 높은 자리에 올라가지 못하게 막는, 눈에 보이지 않는 장벽─옮긴이)을 깨트릴 기회가 주어졌을 때 추락할 위험을 감수해야 하는 것을 말한다.

희생양이 되지 않는 방법

'일과 사람은 별개다'는 말은 이론적으로는 맞지만, 실천하기는 어렵다. 우리는 진화 과정에서 생긴 본능 때문에 개인과 집단을 일정 틀에 맞춰 판단하고 이를 좀처럼 바꾸지 않는다. 사람들이 좋아하지 않는 진실을 말하는 사람, 기존 상식이나 상사의 말에 이의를 제기하는 사람, 아직 드러나지 않은 위험을 경고하는 사람은 희생양이 되거나 경고만 했을 뿐인 일에 책임을 지게 된다. 솔직하게 말했다가 해고당할 뻔했던 한 남자의 사례를 살펴보자. 바트는 국제적인 제조기업의 복리후생부서 책임자로 6년 동안 근무했다. 동료들은 그가 어리석은 행동은 하지 않는 사람이라고 인정했고, 일에 의지가 강해서 급여·후생·혜택 업무에 재능을 보였다. 어느 날 최고경영자와 부서장들로 구성된 급여위원회 앞에서 발표하는데 한 사외 임원이 바트에게 간부의 급여 수준에 대해 물었다. 바트는 대답했다. "우리 회사의 간부 급여는 확실히 최고 수준입니다. 인상률도 다른 어떤 기업보다 높습니다." 이 말은 사실이었지만, 바트는 곧 자신이 말이 너무 많았고, 정치적인 실수를 저질렀다는 사실을 깨달았다. 그 자리에 참석한 간부들은 바트가 말한 높은 급여를 받고 있는 사람들이었기 때문이다.

그다음에 벌어진 일은 직장에서 흔히 볼 수 있는 이야기다. 최고경영자는 원로 정치인 같은 유형으로, 20년간 승진을 거듭해서 그 자리까지 오른 사람이었다. 특별히 바트를 좋아한 적은 없었지만, 그때부터 노골적으로 싫어하는 모습을 보이기 시작했고 바트에 대한 부정적인 생각을 키워갔다. 최고경영자는 회의 시간에 바트에게 눈을 마주치지 않으면서 쓸데없는 질문을 퍼부어댔고, 바트가 대답하려고 하면 말을 중간에서 잘랐다. 최고경영자는 회의 시간에 바트의 발언이 마음에 들지 않아서 화가 난 사실이나 자신이 바트를 과거와 다르게 대하고 있는 것을 깨닫지 못했을 수도 있다. 그때 바트의 상사 스티브가 연간 성과 보고를 받았다. 스티브는 4년 연속 '기대 이상' 등급을 받아왔는데, 이번에 최고경영자가 준 점수는 한 등급 낮은 '기대 충족'이었다. 스티브가 평가 이유에 대해 묻자, 최고경영자는 바트를 지목했다. "바트를 제대로 관리하지 못해서야. 바트를 내보내 줘야겠어."

바트가 희생양이 될 위기에 처한 이유는, 바트의 업무와 인성에 모두 관계가 있었다. 임금과 복리후생을 담당하는 사람은 조직의 온갖 부정적인 표현과 시선을 빨아들이는 피뢰침 역할을 한다. 사람들은 대개 자신이 임금을 적게 받는다고 생각하며, 자신이 인정받지 못하고 적은 임금을 받는 책임을 상사나 인사부서의 탓으로 돌린다. 바트는 기꺼이 이런 '중간자' 역할을 자처했다. 바트는 사람들이 자신의 '시장가치'를 과대평가하고 있다는 사실을 알려주며 기를 죽이지도 않았고, 자신의 분석에 대해 사과도 하지 않았다. 바트는 '직언의 힘'을 믿었다.

바트에게는 안된 일이지만, 최고경영자는 자신의 실적에 비해 받는 급여가 높아 불안해하고 있었다. 그는 무의식적으로 바트가 위원회에서 한 말을 비판이나 배신으로 생각하고 있었다. 바트에게 다행이었던 것은 원칙에 따라 행동하고, 공정함을 높게 평가하는 스티브라는 상사가 있었다는 점이다. 스티브는 최고경영자와의 관계도 잘 유지하고 있었다. 스티브는 바트가 그동안 업무 성적이 좋았지만, 미흡한 점이 몇 가지 있으니 자신이 도와서 개선하겠다고 약속했다. 스티브는 임금위원회 회의가 전환점이었다는 것을 알고 있었고, 최고경영자를 설득하거나 바트에 대한 생각이나 태도가 달라지지 않냐고 말해봤자 아무 소용이 없다는 것도 알고 있었다. 그리고 바트가 부당하게 희생양이 되었다고 주장해서 최고경영자의 심기를 불편하게 할 정도로 어리석지도 않았다. 스티브는 최고경영자에게 바트가 '전달 능력'을 키우도록 지도해서, 적절하게 행동하도록 하겠으니 6개월의 시간을 달라고 했다. 최고경영자는 마지못해 허락했다.

불행하게도 대다수 사람은 스티브처럼 공정하고 부하 직원을 보호해주는 상사를 만날 행운을 누리지 못한다. 희생양이 되지 않는 방법은 우리가 말하는 내용과 시기, 장소가 어떻게 우리를 희생양으로 몰아갈지 주의를 기울이는 것이다. 현상 유지를 위협하는 것이나 '조직의 신조'에 도전하는 것이 정치적으로 위험한 것은 아닌지 주의 깊게 생각해보는 것은 늘 도움이 된다. 또한 같은 방법으로 타인을 희생양으로 삼지 않는지 경계해야 한다.

밀림에서 벗어나기

진화 과정에서 습득한, 그리고 가정교육을 통해 습득한 무의식적 편향에 대처하는 최선의 방법은 그것들이 우리에게 행사하는 영향력을 잘 이해하는 것이다. 마음의 지도가 미리 정해져 있다는 사실을 알면 직장 생활을 헤쳐나갈 새로운 방법을 찾을 수 있다. 우리가 정해 놓은 가정에 의문을 던지고 자신의 행동을 감시해서 직장을 밀림이 아닌 곳으로 만들어야 한다. 믿음직한 동료나 스승, 지도자를 찾아 어떻게 행동해야 할지, 다른 방법이나 더 좋은 방법은 없는지 견해를 듣는 것을 게을리하지 말아야 한다.

인정이나 비난에 반응할 때 균형을 찾는 것은 매우 중요하다. 성공한 사람은 직장에서의 지위에서 건강한 수준의 자존감과 정체성을 얻는다. 주변 사람들이 인정받도록 신경 써주면서, 비난은 피할 수 있게 도와주는 것은 동기를 유발하는 데 도움이 된다. 인정과 비난을 지나치게 의식하는 경우도 있다. 자신의 정체성을 지나치게 일과 관련지으면 걱정이 많아지거나 의욕이 너무 앞서 오히려 좋지 않은 결과를 초래할 수도 있다. 조지프 캠벨Joseph Campbell은 『천의 얼굴을 가진 영웅The Hero with a Thousand Faces』에서 주저하는 영웅의 전형을 묘사했다. 주저하는 영웅은 항상 모험을 기다리지만 모험에 대한 두려움 또한 지니고 있다.[30] 일과 인생의 여러 영역에서 중용을 지키는 것이 중요하다. 지나치게 염려하는 것과 충분히 신경 쓰지 않는 것 사이의 중용도 지킬 수 있어야 한다.

이 책의 나머지 부분에서는 사람이 인정과 비난을 어떻게 받아들이는지, 그리고 인정과 비난에 대한 반응이 어떻게 조직 내 문제를 만드는지 설명할 것이다. 인정과 비난을 주고받는 습관에 신경쓰는 것이 문제를 일으킬 여지를 건설적이고 융통성 있게 바꾸는 첫 번째 단계가 될 것이다. 또한 자신을 과도하게 인정하고 남을 부당하게 비난하는, 유혹적이지만 경력을 망치고 기업을 파괴하는 경향을 어떻게 피해갈 수 있는지, 그 방법도 제시할 것이다.

2

가정에서
시작된
비난 게임

유인원부터 이어진 진화 과정이 인정과
비난에 보이지 않는 힘을 행사하는 것처럼, 어린 시절 가족 안에서
의 경험 역시 인정과 비난에 대한 인지와 행동에 큰 영향을 미친다.
어린 시절의 경험에 따라 직장에서 자신을 비롯해 상사와 동료, 부
하 직원을 인정하고 비난하는 방식이 정해진다.

인정과 비난은 아이가 받을 수 있는 최고의 사회적 보상과 처
벌이다. 인간은 어린 시절 인정과 비난에 대해 알게 되자마자 이 문
제에 신경을 쓰기 시작한다. 어린 시절 우리의 시각은 극단적인 경
우가 많다. 부모님이나 선생님에게 항상 칭찬을 들어야 한다고 생
각하고, 야단을 맞을 때는 늘 부당하다고 생각한다. 아마 인간이 하
는 최초의 불평은 "불공평해!"일 것이다. 나이가 들면서 인정과 비
난에 대한 반응은 섬세해진다. 어른이 되면 인정과 비난의 요인을
뚜렷하게 구분하기 어렵다는 것을 알게 된다. 그로 인해 우리가 이

익을 보기도 한다는 사실과 세상이 완벽하지 않다는 것도 깨닫는다. 하지만 문제는 어려움이 닥치면 무심코 어린 시절의 태도로 돌아간다는 점이다. 가끔 의뢰인들에게 농담 삼아, 내가 하는 일은 조직이 초등학교 2학년 수준에서 중학생 수준이 되도록 도와주거나, 중학생 수준의 조직이 초등학교 2학년 수준으로 퇴행하지 않도록 도와주는 것에 불과하다고 말한다.

이런 퇴행이 어떤 식으로 일어나는지 이해하려면 어린 시절 칭찬과 비난을 학습하던 때를 되돌아봐야 한다. 『인정과 비난Credit and Blame』의 저자인, 작고한 사회학자 찰스 틸리Charles Tilly는 이렇게 썼다.

> 우리는 어린 시절 인정과 비난을 학습하지만 아무도 그것이 무엇인지 말해주지 않는다. 부모는 아이들이 아주 어릴 때부터, 잘못을 저지르면 야단을 치고 잘한 일에 대해서는 칭찬하며 부모의 재능을 물려받았다고 한다. 이런 부모의 행동을 본 아이들은 어떤 일을 해내면 인정받기를 기대하고, 잘못했을 때는 가능하면 남의 탓으로 돌리려고 한다. 우리는 자라면서 인정받고 싶어 하고, 가능하면 자기 탓을 하지 않으려고 하기도 하며, 수많은 방법으로 자신을 탓하기도 하고 남을 인정하기도 한다.[1]

어린 시절의 경험은 성격을 형성하는 데 영향을 미친다. 또한 무의식에 인정과 비난에 대한 정보를 남겨, 성인이 되었을 때 어떻게 인정과 비난에 반응할 것인지 결정한다. 가정에서 칭찬을 많이 들고 자란 사람은 자존감이 강하고 남에게도 칭찬을 아끼지 않는다.

칭찬에 관한 세대 차이

요즘 직장은 칭찬에 인색하다. 관리자들은 대부분 직원을 칭찬하거나 인정하지 않아 동기 부여할 기회를 놓친다. 에이드리언 고스틱Adrian Gostick과 체스터 엘튼Chester Elton은 『당근의 법칙The Carrot Principle』에서 10년 동안 20만 명이 참여한 연구를 소개하며 '당근'(칭찬)이 '채찍'(비난)보다 업무를 능률적으로 바꾼다는 것을 보여주었다.[2] 오늘날 직장에서는 칭찬은 줄고 칭찬받으려는 사람은 많아져 갈등이 커지고 있다. 요즘 취업하는 젊은이들은 칭찬에 대한 욕구가 이전 세대에 비해 훨씬 높으며, 이는 문제가 될 수도 있다. 매사추세츠대학교 교육학 연구원 마릴린 로페스Marilyn Lopes는 칭찬의 욕구가 너무 강해도 문제가 있다고 보았다.

칭찬을 지나치게 많이 받고 자란 아이는 '지나친 기대감'이라는 덫에 빠질 우려가 있다. 이런 아이들은 인정받고 사랑받으려면 높은 수준의 성적을 유지해야만 한다고 생각한다. 지나친 칭찬 때문에 실패에 대한 두려움에 빠질 수도 있다. 아이들이 지나치게 타인의 인정에 의존하면 위험한 일은 하지 않으려 한다. 많은 일을 완벽하게 하지 못할까 두려운 나머지 아무것도 하지 않으려

고 한다.[3]

이런 문제는 특히 1980년대 이후와 1990년대 중반 이전에 출
생한 Y세대에게서 볼 수 있다고 하는데, 『월스트리트저널The Wall
Street Journal』은 Y세대를 '가장 칭찬을 많이 듣고 자란 세대the most-
praised generation'라고 불렀다.[4] 2차대전 이후 태어난 베이비부머 세대
와 1960년대 이후에 태어난 X세대인 내 고객들은 요즘 나이 어린
직원들은 출근만 해도 무슨 훈장이라도 달아줘야 하는 줄 아는 것
같다며 놀라워한다. 뉴욕주립대학교의 내 동료들은 아직도 한 학생
의 이야기를 하는데, 그 학생은 내가 가르치는 산업조직심리학 석
사과정 오리엔테이션에 참석해서 이런 질문을 했다. "졸업하면 어
떤 일을 줍니까?"

일부 고객은 이런 젊은 세대의 태도를 문화적인 이유로 설명
한다. 이를테면 아카데미 시상식에서 수상자를 발표할 때 예전에는
"수상자는⋯⋯입니다"라고 했는데 지금은 "이번 오스카는⋯⋯에
게 갑니다"라고 하니 누구도 박탈감을 느끼거나 오스카를 놓쳤다
고 생각할 필요가 없다는 것이다. Y세대가 직장에서 X세대와 베이
비부머 세대 상사에게 자주 칭찬을 듣고 싶어 한다면, 대부분 실망
하게 될 것이다. 최근에 대학을 졸업한 이들은 상사가 실제로는 일
에 만족했으면서도 칭찬에 인색하다는 사실을 알고 상당히 놀라곤
한다. Y세대에게 칭찬하지 않는다는 것은 불만이나 실망을 의미하
는 것 같다.

아이에게는 칭찬의 양뿐만 아니라 칭찬의 종류도 중요하다. 스탠퍼드대학교의 캐럴 드웩Carol Dweck 교수와 동료들은 아이들의 지능에 대해서 칭찬할 때와 노력에 대해서 칭찬할 때 다르게 반응한다는 사실을 발견했다.[5] 머리가 좋다고 칭찬받은 아이들은 고정형fixed 사고방식이 되어 타고난 능력이 있다고 믿었다. 반면에 노력에 대한 칭찬을 들은 아이들은 성장형growth 사고방식이 되어 더 잘할 수 있는 능력이 있다고 믿었다. 좌절을 겪었을 때, 고정형 사고방식을 지닌 사람은 성장형 사고방식을 가진 사람에 비해 동기를 잃거나 의욕을 잃는 경우가 많았다. 지능이나 능력이 고정된 것이라면, 어떤 일에 실패했다는 것은 능력이 안 되니 어쩔 수 없다는 의미가 된다. 반대로 성장형 사고방식을 가진 아이는 성공이나 실패의 이유를 자신의 노력에 돌린다. CCL(창의적 리더십 센터) 운영자인 존 라이언John Ryan은 손자가 자신에게 그려준 그림을 보고, 얼마나 열심히 했는지 칭찬해야지 얼마나 잘 그렸는지 칭찬하면 안 되겠다는 확신이 들었다고 했다. 라이언은 타고난 재능보다는 발전 가능한 능력에 집중하는 것이 CCL 프로그램에 참가한 CEO를 비롯한 고위 임원들에게도 도움이 된다고 믿는다.

그건 아빠 탓이야

우리가 자의식을 형성하거나 가족 내에서 자기 자리를 찾아가는 데 인정과 비난이 크게 작용하기 때문에, 가족과의 관계는 중요하다. 남들이 우리에게 잘한다, 혹은 잘못한다고 해주는 말이 우리 자신을 결정하는 데 도움을 준다. 내 동료인 상담심리학자 브라이언 슈워츠Brian Schwartz는 지난 30년 동안 수천 명의 사람을 상담하면서, 사람들이 자신의 직업적 정체성을 찾고 직업에 열정을 쏟도록 도와주었다. 슈워츠는 어린 시절 즐거웠던 일-만들기, 아픈 사람 고쳐주기, 그리기 등-을 직업으로 삼은 사람은 자기 직업에 크게 만족했다고 말해주었다. 슈워츠는 상담을 받는 고객들에게 자기 직업을 여러 가지 행위의 집합이라고 생각해보라고 권유한다. 우리 직업에서 중요한 행위는 '연결하기', '신뢰하기', '협력하기', '도와주기' 등이 있다. 직장 내 관계에서 가장 행복한 순간은 동료에게 자신의 지식과 능력을 인정받을 때다. 이사회에서 발표자로 뽑히는 것과 발야구 선수로 뽑히는 것은 전혀 다른 일이지만, 우리가 느끼는 기분은 비슷하다.

동료와의 관계에는 때때로 가족에게나 기대할만한 만족감과 불만감이 존재한다. 이를테면 상사가 동료를 더 좋아한다거나 그 반대인 경우 상사를 부모와 비슷하게 느낀다. 직장에서 어떤 일이 계속 신경 쓰인다면, 이전에 가족에게 겪었던 일이 영향을 미쳤을 가능성이 크다. 심리학자들은 이를 전이轉移, transference라고 부른다. 우리가 어린 시절 느꼈던 감정이나 정서를 성인이 되어 만난 누군가에게 느낀다는 뜻이다. 그래서 상사는 의사疑似 부모가 되고 동료는 의사 형제가 된다. 우리가 가족 구성원의 특징을 무의식적으로 동료에게서 느낀다면, 혹은 직장에서 어린 시절을 떠올리게 하는 상황을 마주한다면 정확하게 판단하고 합리적으로 행동하는 능력이 크게 감소한다. 특히 공과를 평가하거나 평가받아야 할 때 그런 현상이 나타난다. 상사가 엄격한 부모로 보이고 근무평가가 성적표로 느껴진다면 상황은 아주 흥미진진해진다.

전에 재무담당이사 한 명을 상담한 적이 있었다. 그는 나를 처음 보는 자리에서 "당신이 내 가석방 담당관이로군!"이라고 말했다. 인사부서에서 나를 부른 이유는 그 임원이 똑똑하지만 감성지능이 부족해서 직원들을 무섭게 대하기 때문이었다. 그는 자기가 직원을 심하게 야단쳤던 이유가 어린 시절 경험에서 비롯되었다는 사실을 깨닫지 못했다.

나는 왜 나를 가석방 담당관이라고 생각했는지 물었다. "인사부서 말로는 내가 감성지능이 없다고 합니다만, 내 감성지능은 문제가 없다고요. 제길. 난 관리자가 되길 바란 적이 없어요. 내 반대를 무릅쓰고 관리자 자리에 앉히더니, 이제는 내가 '좋은 상사'가 못 되니까, 대인 관계 능력도 없는 멍청이라고 비난하고 있지 않소. 감성지능은 내게도 엄청나게 많으니 지도받을 필요 없소. 내가 코칭을 받아야 한다는 생각은 정치적인 계략이오."

그래서 나는 다른 질문을 했다. "감성지능 이야기는 당분간 하지 말고 정치 이야기나 해볼까요?" 그러자 그는 긴장을 풀고 조직 내 정치 이야기를 하기 시작했다. 실제로 그가 코칭을 받는 데에는, 아니 직장 내 거의 모든 일에는 정치적인 요소가 개입되어 있다. 임원을 코칭해달라는 전화를 당사자가 직접 하는 경우는 없다. 코치에게 조언을 구하는 것은 겉으로 드러난 문제에 대해서지만, 실제로 겉으로 드러난 문제는 그 안에 숨겨진 복잡한 조직 문제의 징후일 뿐이다.

임원에게 무슨 일 때문에 인사부서가 나에게 전화하게 되었는지 물었다. 그는 최근 기업합병의 결과로 관리자가 되었고 그때부터 직원을 관리해야 했다. 직원들은 자기 업무로 바쁘게 돌아다니느라 그는 늘 사무실에 혼자 있지만, 한 명은 사사건건 그에게 직접 보고를 했다. 그녀는 그를 끊임없이 귀찮게 했다. 자기 자리가 없어질까 걱정한 나머지 항상 그에게 연락해 확인을 받았는데, 그가 보기에 정도가 심했다. 그는 인내심을 발휘해 정중히 아무런 문제가 없고, 그녀가 한 일에 만족하고 있으며, 일을 다 마친 후 결과물을 보내는 것이 매번 초안을 확인해달라는 것보다 좋을 것 같다고 말했다. 어느 날 그는 복잡한 재무 모델 관련 일을 하고 있었는데, 그녀가 전화해서 스스로 결정해야 하는지, 질문하는 게 좋은지 물었다. 그는 너무 화가 나서 그만 귀찮게 하고 전화 끊으라고 말했다. 그녀는 그 일 때문에 인사부서에 그의 관리 방식이 퉁명스럽고 불친절하다고 불만을 털어놓았다.

두 번째 만남에서 나는 그에게 인격 형성기의 경험 가운데 일과 관련된 것이 있다면 이야기해달라고 했다. 그가 어린 시절 이야기를 시작하자 왜 그가 그 여직원에게 그렇게 화를 냈는지 알 수 있었다. 그의 부모는 미국으로 이민 와 뉴잉글랜드의 이민자 공동체에 정착했고, 그는 동생 4명과 함께 작은 집에서 사느라 자기만의 공간이 없었다. 다른 동생들은 공부에 관심이 없었다. 그는 집에서 유일하게 공부할 수 있는 공간인 식탁에서 난리법석을 피우며 노는 동생들을 조용히 시키느라 애쓰며 공부했다. 때로는 동생들이 숙제를 대신 해달라고 조르기도 했다. 그는 이제 뉴잉글랜드의 작은 집이 아니라 깨끗하고 파티션이 질서 정연하게 줄지어 서 있는 회사에 있었지만, 그 여직원을 보면 여동생이 숙제를 대신 해달라고 조르는 듯한 기분을 느꼈다. 이런 무의식적인 연상 때문에 그는 지나치게 그녀를 비난했고, 결국 그녀에게 상처를 주고 자신에게도 해가 되는 방식으로 행동했다.

나는 이러한 가족에서 파생된 감정 전이가 매우 흔하다는 것을 알게 되었다. 전이가 긍정적일 때도 있다. 따뜻하고 서로 도와주는 관계가 생기고 끈끈한 정을 느낄 수도 있다. 하지만 부정적인 역학 관계가 긍정적인 경우보다 훨씬 자주 나타난다. 미셸 콘린Michelle Conlin은 2004년 『비즈니스위크Businessweek』에 「내가 나쁜 상사라고? 그건 아빠 탓이야」라는 글을 발표했다. 이 글은 업무에서 전이가 어떻게 문제를 일으킬 수 있는지를 다룬 최초의 글이다.[6] 이 글에서 콘린은 어느 첨단기업 임원이 회의석상에서 흥분한 이야기를 들려준다. 그 임원은 다른 동료가 질문과 함께 설명을 요구하자, 포위당한 느낌이 들면서 어린 시절 아버지로부터 느꼈던 기분이 들었다고 한다. 자신이 비난받고 있다고 느끼자 상사의 책임이 더 크다는 식으로 행동하고 말았다. 경력을 망친 다른 임원들과 비슷하게, 그가 보인 심리학적 반응은 처음에 막으려고 했던 비판(실제 비판이었는지 혼자서만 비판이라고 생각한 것인지는 모르겠으나)보다 심각한 어려움의 원인이 되었다. 이런 과잉 반응은 심리학적으로 탄광의 카나리아 같은 역할을 한다. 곧 더 큰 재앙이 닥친다는 의미다.

2008년 세라 커쇼Sarah Kershaw도 『뉴욕타임스』에 기고한 글에서 가족 내 관계가 어떻게 직장에서 재연되는지 다루었다. 내 고객 가운데 테리, 에이미, 지나는 TAG 크리에이티브라는 광고 에이전시를 공동으로 운영하고 있다. 이들은 각각 자신의 가족 관계가 직장에서 어떻게 재연되는지 이야기해주었다. 테리와 에이미는 장녀로 자칭 '주도적인' 성격이고, 지나는 둘째로 수완이 좋은 편이다. 에이미는 때로 동업자들에게 경쟁심을 느끼면서, 어린 시절 자매들 사이에서 겪었던 경쟁심이 다시 나타났다는 것을 깨닫게 되었다. 에이미는 『뉴욕타임스』에 이렇게 말했다.

> 왜 그런 순간들이 있잖아요. 몸에서 뭔가 느껴지고, 반응이 오는 때가. 무언가 살짝 날 건드린 것 같은데, 그게 너무 크게 다가오는 느낌이요. 지나나 테리 때문이 아니라, 그러니까 지나나 테리가 한 행동 때문이 아니라 오래 전에 있었던 일들이 떠오르면서 지금 여기에 나타나는 거죠.[7]

나는 이 세 여성에게 마음의 '앙금'이 일에 어떤 영향을 미치는지 보여줘서 그들이 서로의 관계에 더 신경을 쓰고, 과거 경험에서 안 좋은 부분은 내버려두고 좋은 부분만 영향을 미치도록 도와주었다. 이들은 자신에게 자부심이 생겼고, 상대방을 덜 비난하고 더 효과적으로 일하게 되었다.

비난과 우울증의 관계

어린 시절의 가정교육이 공과를 가리는 방식에 부정적인 영향을 미칠 수도 있지만, 특히 문제가 되는 것은 인생에서 벌어지는 좋고 나쁜 사건들의 원인을 건강하지 못한 시선으로 바라보게 되는 것이다. 이런 귀인 방식이 우울증의 원인이 될 수도 있고, 우울증으로 인해 이런 귀인 방식이 나타날 수도 있다. 그러한 악순환을 겪게 되면, 우울증이 우리가 경험하는 문제의 부정적인 면을 강화해 대처하기가 더 어려워진다.

우울증을 앓는 사람들은 일이 잘못되면, 자신을 탓하는 경우가 많다. 좋지 않은 사건을 자신의 결점 탓이라고 과도하게 자책하는 경향을 보인다. 심리학자들은 이를 우울증적 귀인양식depressive attributional style이라고 부른다.[8] 우울한 사람들은 또한 나쁜 상황과 부정적인 정서가 영원히 계속될 것이며, 평생 우울할 것이라고 생각한다. 우울증에 걸린 사람은 이렇게 말할 수 있다. "성공하지 못한 건 내 책임이야. 이제까지 성공하지 못했으니 앞으로도 성공하지 못할 거야. 나는 뭘 해도 성공하지 못할 거야."

우울증을 앓는 사람들은 1장에서 묘사한 이기적 편향과 인지적 착각에 문제가 발생한다. 때로는 우울증에 걸린 사람이 그렇지 않은 사람보다 정확하게 원인을 파악한다. 이런 현상을 '우울증적 사실성'이라고 한다. 우울증과 귀인 행위의 사실성 중 어느 것이 먼저인지 원인과 결과를 구별하기란 매우 어렵다. 많은 경우 그들은 함께 나타나고 모두 어린 시절 경험에 영향을 받는다. 그리고 부모는 아주 중요한 역할을 한다.

최근 일부 연구에서 부모가 야단치는 스타일과 10대 이하 자녀의 우울증 사이에 연관성이 있다는 사실이 드러났다. 킹스칼리지런던 정신의학연구소에서 부모의 교육 방식과 우울증 사이의 연관성을 조사하기 위해 쌍둥이 1,300쌍을 조사한 결과 부모가 아이를 엄하게 꾸짖을수록 아이가 우울증에 걸리거나 우울증적 귀인 양식을 보일 확률이 높아진다는 것이 증명됐다.[9] 이 영향은 오래 지속될 수 있다고 하버드대학교 심리학자 질 홀리Jill Hooley가 밝혔다.[10]

홀리는 자기공명영상장치MRI를 이용해 과거 우울증을 겪었던 여성의 뇌가 어머니의 잔소리에 어떻게 반응하는지 조사했다. 과거 우울증을 앓았던 여성이 오랫동안 들어온 잔소리와 비슷한 지적(문신은 왜 했는지, 교회는 왜 안 나가는지, 혹은 경솔하거나 단정하지 못한 데 대한 지적)을 당하자 뇌의 정서적 영역이 이성적, 분석적 사고에 관련한 영역보다 많이 반응했다. 우울증을 겪지 않았던 여성은 지적을 당했을 때 이성과 분석에 관련한 부분이 더 활발하게 반응했다. 칭찬에 대해서도 실험했는데, 과거 우울증을 겪었던 여성은 통제집단(실험에서 새로운 처치의 성과 및 효과를 비교하기 위해 아무런 처치를 하지 않거나 전통적인 프로그램의 처치를 받은 집단-옮긴이)에 비해 칭찬에 뚜렷하게 반응하지 않았다. 이는 홀리가 『하버드매거진Harvard Magazine』에서 지적했듯이 "(과거 우울증을 겪었던 여성에게는)……칭찬이 별로 도움이 되지 않았다."[11] 바꿔 말하면 과거 우울증을 겪었던 여성에게 칭찬은 마음 깊이 와 닿지 않았고, 일시적이었다. 반면 비난은 마음 깊이 오랫동안 남아 있었다. 반대로 우울증을 겪지 않았던 여성은 지적을 당할 때 지나친 반응을 보이지 않았고, 칭찬을 받을 때는 정서적으로 훨씬 긍정적인 반응을 보였다.

주목할 만한 다른 연구 결과도 있다. 펜실베이니아대학교 심리학 교수 마틴 셀리그먼Martin Seligman과 동료들은 지속적인 비난을 받으면 이른바 '학습적 무기력 상태'가 될 수 있다는 결과를 보여주었다.[12] 이들은 몇 년에 걸친 연구를 통해 우리가 좋은 사건과 나쁜 사건을 어떻게 설명하는지 조사했다. 연구를 통해 좋지 않은 일에 대해 내부에서 원인을 찾는 성향과 학습된 무기력 사이에 강한 연관성이 있다는 것이 밝혀졌다. 학습된 무기력 상태가 되면, 자신은 결과에 좋은 영향을 줄 수 없다고 믿게 된다. 지나치게 비난을 받고 살아왔다면, 그리고 그 기간이 지나치게 길었다면 우리는 비난을 내면화하기 시작하며, 때로는 필요 이상으로 자신을 비난하기도 한다. 셀리그먼은 오랫동안 비난을 받고 살면, 이를테면 상사에게 늘 지적을 당하거나, 해명할 기회도 없이 잘못을 뒤집어쓰게 된다면 인간은 마음의 문을 닫을 수 있다는 사실을 발견했다. "나는 나쁜 사람이야" 혹은 "이번에도 모든 것을 망쳤어"라고 자기 본질을 탓하며 자책하기 시작할 수 있다.

문제는 외부의 요인이 아닌 자신을 탓하기 시작할수록 점점 희망을 잃어간다는 점이다. 내 잘못이 아닌데도 비난을 받기 시작하면 매사 무관심하거나 무기력해지고, 의욕은 사라지며 비관주의에 빠지게 된다. 결국 자책감의 미로에서 영원히 빠져나오지 못할수 있다. 불행하게두 이런 상태는 내버려둘수록 너 선고해진다. 나쁜 결과가 나오면 부당하게 나를 비난하고, 좋은 결과가 나와도 제대로 받아들이지 못한다면 일을 잘해내려는 마음이 사라지게 된다. 실적이 점점 나빠지고, 그에 대한 구실을 찾게 되면서, 악순환에 빠지게 된다. 일의 시작 단계에서 비난을 받으면 오랫동안 문제가 지속될 수 있다. 마치 어린 시절에 받은 비난이 성인이 된 후에도 우리를 괴롭히는 것과 비슷하다.

그렇다면 이런 심리적 늪에서 벗어나기 위해 남 탓을 해야 하는 걸까? 자책이 우울증을 유발하고 우울증이 자책을 유발한다면 해결책은 남 탓을 하고 바깥에서 원인은 찾는 것일까? 간단히 말하자면 '아니다'. 다만 그러한 행동 패턴에 사로잡혔을 때, 자책을 하기보다는 외부에서 책임을 찾는다면 일단 마음이 편해질 수는 있다. 분노가 일시적인 힘을 주거나 자책으로 인한 우울증을 막아줄수 있지만, 이런 전략은 역효과를 불러 장기적인 학습과 성장을 가로막을 수도 있다. 성공을 위해서는 비난보다 잘못된 것을 바로잡는 데 집중해 남을 비난할 일을 줄여나가야 한다.

왜 여성은 더 인정을 못 받을까?

성별은 공과를 평가받고, 그 결과에 반응하고, 자신을 인정하거나 비난하고, 타인이 어떻게 공과를 평가할지 결과를 예측하는 데 큰 영향을 미친다.

우리는 문명 시대에 살고 있다고 생각하지만, 여성에 대한 편견은 아직도 직장을 비롯한 여러 곳에 퍼져 있다. 여성 관리자는 아직도 채용, 평가, 리더십, 업무 할당, 보상 등 여러 측면에서 차별받고 있다. 여성은 같은 일을 하는 남성에 비해 적은 급여를 받거나 같은 성과를 달성하고도 저평가 받는 것 외에도 자책감을 더 느끼거나, 자신을 쉽게 인정하지 못해서 더 어려움을 겪는다.

여성과 남성은 귀인의 형태가 다르다. 여성은 제대로 인정받지 못하고, 쉽게 자기비판에 빠진다. 또한 여성은 남성에 비해 우울증에 걸릴 확률이 2배 이상 높다. 『뉴욕타임스』가 대략 예측한 것에 따르면, 남성은 평생 8명 중 1명꼴로 우울증을 앓지만, 여성은 4명에 1명꼴로 우울증에 걸린다.[13] 이러한 차이는 여러 가지 생리학적, 심리학적 요인 탓이지만, 인정과 비난의 형태가 다른 것도 원인 중 하나다. 회사에서 여성 직원이 급여 인상이나 승진에서 제외되었다면, 더 열심히 일하지 않았다고 자책하지 상사나 조직이 그녀가 기여한 바를 제대로 인정하지 않았다고 비난하지 않는다. 하지만 그녀가 승진하지 못한 진짜 이유는 조직이나 사회에 널리 퍼진 성적 편견 때문일 수도 있다. 여성이 유명 기업의 요직을 차지한 비율은 남성에 비해 매우 낮으며, 2008년 미국 인구조사에 따르면 여성의 급여는 남성에 비해 22퍼센트 낮았다(2014년 고용노동부 조사 결과 한국의 여성 급여는 남성에 비해 37퍼센트 낮았다—옮긴이). 이는 여성에게 동등한 기회가 주어지지 않고 부당하게 평가받는다는 사실을 의미한다.[14] 이 조사 결과는 여성이 남성에 비해 직장에서 인정받지 못하고 있으며, 정당하게 인정받기 위해서는 자신의 성과를 열심히 알려야 한다고 말한다. 하지만 여성의 사회화 과정은 이를 더욱 어렵게 한다.

커뮤니케이션 전문가인 페기 클라우스Peggy Klaus는 『인정받고 싶으면 자랑하라Brag!: The Art of Tooting Your Own Horn Without Blowing It』에서 이렇게 썼다.

지금까지 비슷한 수의 남성과 여성을 상담해왔고, 양쪽 모두 자기를 표현하는 데 어려움을 겪었지만, 대부분의 여성이 이런 문제를 훨씬 힘들어했다. 여성이 자랑에 더 약하다는 것은 널리 알려진 사실이다. 일반적으로 사회와 부모에게 '잘난 척하지 마라', '오빠를 무시하지 마라', '여자가 너무 나서면 남편(아니면 남자친구) 체면이 깎인다' 등의 말을 듣고 자란 여성은 타인의 주목을 끌거나 성공을 내세우는 일에 소극적이기 쉽다. 여성은 자신의 공을 타인이나 가족, 부서 공동의 것으로 돌리는 경향이 있다. 따뜻한 마음씨기는 하지만, 결국 승진을 하고 핵심 업무를 맡는 이는 실적을 눈에 보이게 드러내는 사람이라는 것을 생각하면 안타까운

일이다.[15]

이는 여성이 자신의 가치를 낮게 볼 뿐만 아니라 타인이 보는 자신의 가치 또한 실제보다 낮게 예측한다는 사실로 일부 설명할 수 있다. 스콧 N. 테일러Scott N. Taylor는 여성 관리자가 남성 관리자에 비해, 상사에게 실제보다 업무 평가를 낮게 받을 것이라고 생각하는 빈도가 3배나 많다는 연구 결과를 발표했다. 테일러와 연구자들은 미국 내 다양한 분야에 종사하는 남성 및 여성 관리자 251명에게 자신의 업무 능력을 소통, 팀워크, 분쟁 조절, 신뢰감 등 9가지 영역에서 평가해 달라고 요청했다. 또한 상사가 자신을 어떻게 평가하고 있을지 예상치도 질문했다. 남성은 상사의 평가치를 약간 높게 예측한 반면 여성은 11퍼센트 정도 낮게 예측했다. 이 결과는 성에 대한 편견이 강했던 시기에 직장 생활을 시작한 50대 이상의 여성에게서 더 뚜렷하게 나타났다.[16]

문화의 차이가 비난 게임에 미치는 영향

국적이나 민족적 특징 또한 인정과 비난에 영향을 미친다. 문화는 무엇이 중요하고 사소한지, 무엇이 칭찬받을 일이고 비난받을 일인지 판단하는 데 길잡이 역할을 하며, 인정과 비난 문제에 관해 생각하고 반응하는 법에 지침을 준다. 어떤 문화권에서는 국수를 먹을 때 후루룩 소리를 내는 것이 국수를 만들어 준 요리사의 솜씨를 인정하는 긍정의 표현이지만, 일부 문화권에서는 무례하고 상스럽다고 비난받는다.

네덜란드 심리학자 헤이르트 호프스테더Geert Hofstede는 문화의 차이가 직장 내 관계에 어떤 영향을 미치는지 수량화하기 위해 1967년부터 1973년까지 IBM에서 근무하는 70개국 직원들의 가치 점수를 조사했다.[17] 호프스테더는 문화 사이의 변수를 표현하기 위해 5가지 차원을 고안했다. 권력 차이, 개인주의, 남성성, 불확실성 회피, 장기-단기 지향성이다. 각각의 차원들은 문화가 인정과 비난 형태에 어떻게 영향을 미치는지에 관한 통찰력을 제공해준다.

예를 들어, 권력 차이는 위계 구조의 정도를 표현한다. 권력 차이가 작은 문화권인 오스트리아, 아일랜드, 미국 등에서는 권력 차이가 큰 말레이시아보다 하급자가 상급자에게 소신대로 말하기가 훨씬 편하다. 맬컴 글래드웰Malcolm Gladwell은 『아웃라이어Outliers』에서 한국이나 콜롬비아처럼 권력 차이가 큰 나라에서 비행기 사고가 발생할 가능성이 높은 이유는, 부기장이 기장의 의견에 거스르는 말을 했을 경우 비난을 감수해야 하기 때문에 사고 위험이 닥쳐도 소신대로 말하기 어렵기 때문이라고 주장했다.[18] 글래드웰은 대한항공이 사고를 당한 후 어떻게 변화했는지, 즉 예의를 지켜야 하는 환경일지라도 서로 터놓고 이의를 제기하도록 교육과정이 바뀐 사례를 들었다. 이 책의 나머지 장에서 조직 문화와 리더십을 다루겠지만, 훌륭한 리더는 팀원이 소신대로 말하거나 저항하기를 두려워하지 않고, 현재의 안정에 위협이 되더라도 새로운 시도를 마다하지 않는 문화를 만들기 위해 격려를 아끼지 않는다.

개인주의와 집단주의 문화 차이 역시 인정과 비난에 매우 중요한 영향을 미친다. 미국 같은 개인주의 문화권에서는 인정과 비난을 개인 사이에 주고받는 반면, 중국이나 일본 같은 집단주의 문화권에서는 집단 사이에 인정과 비난을 주고받는다.[19] 흥미롭게도 집단주의 문화권에서도 이기적 편향이 존재한다. 자신에 대한 편향이 아니라 자기가 속한 집단에 대한 편향일 뿐이다. 하지만 자신이 속한 집단에 대한 이기적 편향은 개인주의 문화권에서도 나타난다. 이는 4장에서 살펴볼 것이다.

스탠퍼드대학교와 홍콩대학교, 홍콩과학기술대학교는 미국과 일본의 언론에서 벌어지는 인정과 비난의 차이를 연구했다.[20] 연구원들은 미국의 『뉴욕타임스』와 일본의 『아사히신문朝日新聞』을 표본으로 '최악의 트레이더' 사건을 어떻게 분석했는지 조사했다. 이 사건은 투자회사에서 일하는 한 직원이 독자적인 거래 결정을 내려 고용주에게 엄청난 손실을 안겨준 사건이다. 미국 신문은 주로 개인의 행동에 집중해서 설명했고, 일본은 조직의 시스템과 통제 장치에 문제가 없었는지 의문을 표했다. 일본 운동선수는 국제 경기에서 우승을 하면 자신의 성공을 팬이나 가족, 코치의 공으로 돌리는 경우가 미국보다 많다. 이런 차이가 발생하는 이유 중 하나는 일본, 중국, 한국으로 대표되는 동아시아 문화의 유교 전통 때문이다. 유교 문화권의 특징은 개인의 사회와 집단에 대한 충성으로, 개인의 정체성을 집단에서 찾는다. 따라서 개인의 자아는 집단의 이름으로 정의되고, 인정과 비난 역시 개인이 아니라 집단에게 돌아간다. 일본 속담에 '튀어나온 못이 망치질 당한다'라는 말이 있다. 개인적으로 인정받으려는 욕구는 비난받아 마땅하다는 뜻이다.

우리가 인정과 책임을 받아들이고 나누는 데는 인간의 진화, 어린 시절의 경험, 성별·문화 차이 등 여러 가지 기본적인 요소가 다 함께 영향을 미친다. 우리는 매일 사무실로 출근하지만 문화적 유산이 우리와 함께한다는 사실은 쉽게 잊는다. 하지만 과거를 고려하지 않고 현재의 심리를 이해하기란 불가능하다. 내 일은 고객이 그들이 처한 상황을 새로운 시각으로 바라보고, 인정과 비난을 관리할 새로운 전략을 세우도록 도와주는 것이다.

데이나는 대규모 유명 헤지펀드의 애널리스트로, 처음 만났을 때 그녀는 상사인 알렉산드라가 연간 보너스를 동결할까봐 크게 걱정하고 있었다. 데이나는 아시아계 미국인으로 서부 지역에서 느긋하게 살다가, 경영대학을 마친 후 동부 지역으로 건너왔다. 데이나는 알렉산드라를 일 욕심이 대단한 동부 지역 와스프WASP, 즉 미국의 주류 계층인 앵글로색슨계 백인 신교도로 묘사했다. 데이나는 가족과 집단, 공동체를 중시하는 자신의 문화적 배경 때문에 월 스트리트에서 제대로 인정받지 못하고 불이익을 받고 있다고 생각했다. 알렉산드라가 쉽게 인정받는 모습이 부러울 수밖에 없었고, 문화적 배경 덕분에 손쉽게 세간의 주목을 받을 뿐만 아니라, 그런 관심을 부담스러워 하지 않는 것이라고 생각했다.

데이나는 알렉산드라에 대한 여러 불만 사항도 털어놓았다.

알렉산드라는 데이나의 투자 아이디어를 가로채 공로를 대신 인정받았고, 실적이 안 좋을 때는 책임을 회피했다. 알렉산드라가 제멋대로 사실을 조작하며 남의 공로를 가로챈 거짓말 같은 이야기를 듣고 나니, 의욕 넘치는 두 여성의 갈등이라는 다소 뻔하게 보였던 이 이야기에 대해 더 깊이 알고 싶어졌다. 데이나는 알렉산드라가 직장에서 자신의 위치에 불안감을 느낀다고 말했다. 데이나에 비해 교육 수준이 낮았고, 그들이 다루는 복잡한 파생상품에 관한 경험이 별로 없었기 때문이다. 알렉산드라는 자신이 파생상품의 가치를 높였음을 입증하기 위해서 팀원들의 아이디어를 가로채야 했다. 알렉산드라는 분명 잘못을 저질렀고 질이 안 좋은 상사였지만, 이들 조직에는 또 다른 문제가 있었다.

나는 허먼 멜빌의 『모비 딕』에서 피쿼드호의 아메리카 토착민 작살잡이들과 나머지 선원들에 대한 상반된 묘사가 떠올랐다. 일등 항해사 스타벅(대형 커피 체인점 스타벅스의 이름은 여기서 따온 것이다. 창업자들은 피쿼드라는 이름을 생각했지만, 누군가 피쿼드의 첫 음절이 음료에는 안 좋은 이미지를 줄 수 있다고 해서 현재의 이름이 되었다)[21] 등의 선원들은 실력과 재능을 평가하기 어려웠기 때문에, 각자의 위치와 능력에 대한 판단은 에이해브 선장의 호의에 의지할 수밖에 없었다. 반면 퀴퀘그 등 아메리카 토착민 작살잡이들의 실력과 재능은 쉽게 평가할 수 있었다. 에이해브 선장도 그들에게는 어느 정도 재량권을 인정해야 했다. 멜빌은 선원들을 신중하고 예의바르게 묘사한 반면, 작살잡이들은 자기표현에 거리낌 없는 인물로 묘사했다.

다시 건조한 헤지펀드의 세계로 돌아가자. 데이나는 알렉산드라의 비위를 맞추느라 시간을 허비하지 않고 자신만의 펀드를 만들어 대규모 투자를 받아 실력을 보여주고 싶었다. 데이나의 불만은 알렉산드라의 주위에는 증권 분석에 능한 팀원보다 어떻게든 비위를 맞추려는 팀원밖에 없다는 것이었다. 또한 알렉산드라가 후임자를 명확하게 정해놓지 않아서, 대체될 위험을 피하기 위한 의도적인 전략이 아닐까하는 생각마저 들기도 했다. 알렉산드라는 팀원들이 이야기를 나눌 때마다 참견했고, 데이나는 이 모습을 볼 때마다 피해망상이라고 생각했다.

하지만 데이나에게도 그녀를 항상 따라다니는 사연이 있었다. 알렉산드라와 함께 일을 할 때면 어린 시절 어머니 생각이 났다. 데이나의 어머니는 지적 능력이 뛰어났지만, 여성의 자리는 가정이라는 문화에서 자라나 꿈을 이루기 위해 직업을 찾기보다는 가정주부가 되기를 강요받았다. 데이나의 어머니는 딸을 매우 자랑스러워했고, 딸에게 자신이 하지 못했던 일을 하라고 격려해주었다. 그러면서 딸에게 주어진 기회를 보며 딸을 부러워하기도 했다. 결과적으로 데이나는 성공에 대해 이중적인 감정을 가지게 되었고, 지나친 인정을 받으면 부담스러웠고 상사보다 앞질러 나갈까봐 걱정했다.

알렉산드라는 자신감 없는 팀원을 알아보는 재주가 있었다. 또한 처음에는 '채찍'보다 '당근'을 사용하는 타입으로, 일을 시키기 전에는 칭찬으로 마음을 편하게 해주었다. 데이나는 어느 상사 밑에서 일하든 칭찬받으려고 지나치게 신경 썼고, 알렉산드라에게서도 칭찬을 받을 것이라고 생각했다. 하지만 데이나는 실제로 일을 해보니 멀리서 바라볼 때와는 달랐다고 말했다. 이렇게 미끼를 사용하는 방법은 조직심리학자들이 말하는 현실적 직무 안내realistic job previews, RJP와는 정반대의 방법이다. 단기적으로는 현실적 직무 안내가 후보자들을 쫓아버릴지 모르지만, 장기적으로는 후보자가 그 조직과 업무에 잘 맞는지 확인하는 데는 도움이 된다. 현실적 직무 안내는 유명한 법대생 농담에도 암시적으로 등장한다.

어느 젊은 법학도가 도서관에서 공부하는데, 악마가 불쑥 나타났다. 악마는 학생에게 영혼을 팔면 법대에 진 빚을 모두 갚아주고, 말로 다할 수 없는 즐거움을 맛보게 해주겠다고 제안했다. 거기에 안전하게 다녀올 수 있는 지옥 여행까지 제안했다. 학생은 동의했고, 지옥에서 제공하는 안락함과 편리함, 여러 편의 시설에 놀라움을 금치 못했다. 사람들은 수영장에서 편히 쉬거나 골프, 테니스, 소프트볼을 하고 있었고, 혹은 미술관이나 극장에서 여가를 즐기고 있었다. 그들은 모두 평화롭고 만족스러워 했고, 행복해 보였다. 학생은 영혼을 팔기로 했고, 기쁜 마음으로 빚을 갚았다.

하지만 불행하게도, 영혼을 판 대가로 지옥에 도착하자 그곳은 완전히 다른 곳이 되어 있었다. 골프나 테니스, 물놀이를 하는 사람은 없었고, 육체적으로나 정신적으로 고통스러워하며, 먹지도 자지도 씻지도 못하고 서로 끔찍하고 야만스럽고 무례하게 굴었다. 히에로니무스 보스Hieronymus Bosch(15세기 네덜란드의 화가로 끔찍한 지옥 모습을 그린 작품으로 유명하다-옮긴이)의 그림 같은 광경이었다. 학생은 겁에 질려 악마에게 물었다. "왜 지난번에 소개해줄 때와 다른 거죠?" 악마는 대답했다. "지난번은 여름 인턴십 프로그램이었어."

알렉산드라는 공식적으로 함께 일하기 전에 데이나의 재무 분석 능력과 안목을 격찬하며 파우스트식 여름 인턴십 프로그램을 제공한 셈이었다. 데이나는 『월스트리트저널』이 '가장 칭찬을 많이 듣고 자란 세대'라고 부른 세대보다는 나이가 약간 많았지만, Y세대 직원이 상사에게 부모에게 받는 것과 같은 평가를 받길 원한다는 『월스트리트저널』의 기사처럼 부드럽게 대해주는 것에 약했다. 앞으로 계속 언급하겠지만 정체성, 자존감, 사회적 자존감은 좋건 나쁘건, 인정과 비난과는 떼려야 뗄 수 없는 관계다.

알렉산드라는 조직을 2개의 다른 집단으로 나누어 관리했다. 집단을 가르는 기준은 순전히 알렉산드라의 기분과 호의에 달려 있었다. 알렉산드라가 좋아하는 사람들에게는 자주 보상과 승진이 주어졌지만, 좋아하지 않는 사람들은 점잖게 무시하거나 악의에 찬 관심을 보일 뿐이었다. 조직심리학자는 이를 내집단과 외집단의 대립이라고 부른다. 일부 리더는 내집단과 외집단이 거의 변하지 않으며 업무 스타일, 개성, 중요도 등 여러 측면을 근거로 기존 구성원과 비슷하고, 문제없이 지낼 수 있을지로 평가한다. 두 집단의 차이가 크지 않은 리더들도 있다. 전체 팀을 하나의 내집단으로 대하는 리더도 있고, 팀원 전체를 동등하게 외집단으로 대해서 똑같이 기회를 박탈하는 리더도 있다. 하지만 알렉산드라 같은 리더들은 내집단과 외집단을 크게 차별하고, 이따금 제멋대로 구성원을 바꾸기도 한다. 알렉산드라는 일관성이나 공정함과는 거리가 멀었다.

정치철학자 존 롤스John Rawls는 그의 걸작 『정의론A Theory of Justice』에서 어떤 사회가 정의로운 사회인지 알아보는 기준으로 '무지의 베일'**22**을 제시했다. 사회적 위치가 정해지지 않은 상태에서 어느 사회에서 살 것인지 결정해야 한다면, 소수가 부당하게 법과 자원을 통제하는 사회보다는 모든 사람이 확실한 권리와 기본적인 자원을 소유한 사회가 낫다는 것이다. '무지의 베일'은 어떤 조직이나 상사 밑에서 일해야 할지 결정할 때도 도움이 된다. 상사가 사람을 차별한다면, 상사가 좋게 대해주는 사람들 안에 내가 포함되지 않는다고 가정하는 편이 낫다. 직장에서의 행복과 만족이 인정받는 내집단 구성원이 되는지 혹은 인정받지 못하는 외집단 구성원이 되는지에 달려있다면, 그 자리를 거절하고 보다 공정한 상사나 직장을 찾는 것이 좋다.

데이나는 알렉산드라 밑에서 일하기로 결정하는 순간에도 확신이 서지 않아, 결정을 내리기 전까지 줄곧 잠을 설쳐야 했다고 털어놓았다. 데이나는 그때를 돌이키면서 알렉산드라 밑에서 일하는 것에 대한 불안감에는 충분히 근거가 있었고, 소신에 따라 행동해야 했다고 인정했다. 알렉산드라와 일하기로 합의하고 처음에는 일이 순조롭게 흘러갔다. 데이나는 열심히 일했고 통찰력 있는 분석 자료와 수익성 높은 추천 종목을 제공했다. 알렉산드라는 데이나의 능력을 인정하며 더 큰 시장을 추가로 맡겼다. 하지만 얼마 지나지 않아 원만했던 관계는 서로에게 해를 끼치는 껄끄러운 관계로 바뀌었다. 데이나는 회사가 위험에 대비하기 위해 포지션을 선점해야 한다고 권유했다. 알렉산드라는 주저했는데 그 이유는 상품이 너무 복잡해서 제대로 이해하지 못했기 때문이었다. 하지만 데이나는 그녀를 설득했다. 밤늦게까지 사무실에 남아 투자의 속성과 상황에 따라 가치가 어떻게 달라지는지에 대한 발표 자료를 만들었다. 알렉산드라는 증권 매수를 회사 투자위원회에 추천하기로 동의했다.

데이나가 묘사한 투자위원회 회의는 영화 〈워킹 걸Working Girl〉(1988)의 한 장면과 똑같았다. 〈워킹 걸〉에서 시고니 위버가 연기한 악독한 상사는 멜라니 그리피스가 연기한 야심만만한 비서의 공을 가로채려고 한다. 알렉산드라는 모두 자신의 아이디어이며, 데이나가 분석하도록 지도했다고 말했다. 그 분석 자료는 데이나가 알렉산드라에게 투자의 개념을 가르쳐주기 위해 만든 자료였다. 데이나는 이 광경을 보면서 충격을 받았다. 알렉산드라는 데이나의 아이디어를 모두 가로채더니 그다음에는 다른 투자 제안에 데이나가 책임 있다고 말했다. 그 투자 제안은 완전히 잘못된 것이었고, 사실 알렉산드라의 아이디어였다. 데이나는 가까스로 평정을 유지했지만 영화 〈환상특급Twilight Zone〉(1983)이나 조지 오웰George Orwell의 소설 『1984』 속에 있다가 온 기분이었다고 했다. 데이나가 보기에 알렉산드라는 전체주의자 스타일이었고, 자신의 거짓 선동에 빠진 것이었다. 그 점에서 오웰의 소설에 비유한 말은 맞는 것 같았다.

알렉산드라의 행동은 어딘지 몇 년 전 발생했던 뮤추얼 펀드 스캔들을 떠올리게 하는 구석이 있었다. 그 사건에서는 거래시간이

종료된 후 거래가 이루어졌다. 영화 〈스팅The Sting〉(1973)의 사기극과도 유사한데, 〈스팅〉에서는 이미 경마가 끝난 상태에서 베팅이 이루어졌다. 뮤추얼 펀드 트레이더와 〈스팅〉의 사기꾼, 그리고 알렉산드라는 실제 위험을 감수하지 않으면서 이벤트가 일어난 후에 이익을 챙기려고 했다. 비정치적이고 정상적으로 운영되는 조직은 알렉산드라처럼 마지막 순간에 배신해 공로를 가로채거나, 나쁜 실적에 대한 책임을 회피하도록 내버려두지 않는다. 알렉산드라가 『모비 딕』의 스타벅 같은 관리자 역할, 혹은 퀴퀘그 같은 투자 역할 중 하나를 선택할 수 있었다면 조직에게도 이익이었을 것이다. 투자가 잘못되었을 때 자신의 입장을 바꾸는 알렉산드라의 능력은 그녀에게 도움이 되었겠지만 조직에는 그렇지 않았다.

데이나가 코칭을 받은 실질적인 이유는, 그녀의 기여도를 공정하게 반영한 보너스를 받고 싶었기 때문이다. 알렉산드라가 그녀의 아이디어를 가로채 공로를 인정받았으니, 보너스 지급 시기가 되면 알렉산드라가 다른 피해를 입히지 않을까 걱정이 들었다. 코칭을 진행하면서 데이나와 나는 여러 가지 가능한 전략을 생각해보았다. 알렉산드라와 사적인 자리에서 직접 부딪쳐보는 것부터, 다른 관리자를 만나 투자 업무에서 데이나의 역할을 명확히 규정하는 것까지 여러 가지 사항을 고려했다. 하지만 각각의 전략에는 모두 위험한 부분이 있었고, 아무것도 하지 않는 것도 위험한 면이 있었다. 데이나가 그녀의 투자 아이디어를 인정받기 위해 정치적인 싸움을 하기로 결심했다면, 전투에서는 승리할 수도 있었겠지만 전쟁에서는 졌을 것이다. 나는 데이나가 아무것도 하지 못하는 부정적인 상황에서 어떤 식으로든 이익을 얻을 수 있는 긍정적인 상황으로 상황을 재구성할 수 있게 도왔다. 결국 데이나는 유망한 조직에서 일하게 되었고, 보너스는 별도로 높은 급여를 받으면서 시장 전반에 관한 많은 지식을 쌓고 있다. 특히 여러 이색적인 파생상품을 접하고 있다.

나는 데이나에게 인정과 비난을 일종의 통화로 간주해서 생각해보라고 말했다. 일본 영화 〈마루사의 여자A Taxing Woman〉(1987)에서는 폭력 조직이 당첨된 복권을 웃돈을 주고 사들이는데, 돈세탁에 도움이 되기 때문이었다. 데이나가 내놓은 좋은 투자 아이디어는 데이나보다 알렉산드라에게 더 가치가 있었다. 알렉산드라는 회사에서 높은 급여를 받는 이유를 증명해야 했기 때문이다.

직장에서 공정함을 바라면서도 사람들은 정치적으로나 금전적 이유로 차선을 선택하는 실수를 저지른다. 그 이유는 자존감 때문인데, 내 친구 프리아가 비슷한 경험을 했다. 〈악마를 프라다를 입는다The Devil Wears Prada〉(2006)에서 앤 해서웨이가 연기한 인물이 직장 생활에서 성공을 거둔 것은 직장 상사(메릴 스트립이 빼어난 연기를 보여줬다)에 대한 비판을 속으로 삼키지 않아서였다. 그보다는 악독한 상사를 위해 일하면 훗날 경력에 도움이 될 것이라고 확신한다. 그리고 이야기 마지막에 이 전략은 성공적이었음이 입증된다. 영화처럼 데이나의 이야기도 해피 엔딩이다. 데이나는 분노를 다스리는 법을 터득했고, 알렉산드라가 신경을 건드릴 때마다 일일이 반응하지 않고 일에 집중했다. 어떤 때는 조직 내부의 '인정 평가

시상'이 정상적으로 돌아가기를 기다리는 것이 가장 좋은 전략이다. 누군가 (이를테면 알렉산드라처럼) 지나치게 과대평가되어 있거나 (데이나처럼) 지나치게 과소평가되었을 때는 특히 그러하다. 알렉산드라는 결국 해고당했다. 회사는 그녀가 수익에 충분히 기여하지 못한다고 판단했다. 데이나는 자신의 투자상품을 운용하게 되었다. 좋은 아이디어를 낼 때는 제대로 인정받았고, 가끔이긴 하지만 좋지 않은 결과에 대해서는 책임을 지고 있다.

데이나의 이야기는 직장에서 타인(동료일 수도 있고 상사일 수도 있다)과 맺는 관계가 얼마나 복잡한지 이해하는 데 도움을 준다. 우리는 자신이 저지른 잘못을 남 탓으로 돌리는 함정에 빠지기 쉽다. 하지만 남 탓하기는 직장 내 관계에 도움이 되지 않는다. 대신 자신의 개인적인 습관이나 판단, 행동이 어떤 영향을 미치는지 이해해야 한다. 관계를 섬세하게 바라보면 더 좋은 결과를 얻을 수 있다. 나는 데이나가 알렉산드라와의 관계를 관리할 수 있도록 도왔다. 함께 전략을 세우고, 실행할 수 있도록 용기를 북돋워주었다. 그중 가장 중요한 일은 데이나가 자신의 성격과 알렉산드라의 성격, 그리고 둘 사이의 상호작용을 이해하도록 돕는 것이었다.

3

성격에 따른
비난 게임의
유형

인류의 진화 과정과 가족 관계가 인정과 비난을 평가하고 반응하는 것에 영향을 주는 것처럼, 성격의 차이 역시 비난 게임에서 중요한 역할을 한다. 직장에서 매일 마주하는 도전과 기회를 이해하고 싶다면 나와 타인의 성격, 그리고 그 사이의 복잡한 상호작용이 얼마나 중요한지 알아야 한다. 지금까지 살펴봤던 사람들은 모두 좋은 결과의 공로는 가로채고, 나쁜 결과는 남의 탓으로 돌리고, 공로를 나누려 하지 않으면서 책임은 절대 지지 않으려 하는 듯했다. 드물게 늘 자책하는 사람이나, 무엇에 대한 공로든 가로채기 위해 싸우려 드는 사람도 있다.

이런 상황에서 최악의 문제를 겪는 이들은 대개 어떤 방식으로든 성격이 극단적인 사람이다. 이번 장에서는 성격이 비난 게임에 미치는 영향을 살펴볼 것이다. 인정과 비난의 문제에서 특정 행동이나 문제에 영향 받기 쉬운 성격은 어떤 유형인지 알아보자. 하지만

성격에 따른 비난 게임의 유형

그 전에 몇 가지 주의할 점이 있다. 단지 누군가를 비난형, 인정추구형 등으로 구분한다고 해서, 일상에서 만나는 문제에 대처하는 능력이 엄청나게 커지지 않는다. 어떤 문제가 특정한 사람(대부분의 경우 상사)의 성격 때문인지 평가할 때 흑백논리로 사고하면 안 된다. 문제를 단순화하면 무엇이 문제인지 이해하는 데도 도움이 되지 않지만, 단순하고 충동적으로 반응하게 되어서 문제를 악화시키기 때문이다. '내 편이 아니면 적'이라는 말에 거부감을 느끼는 이유는 그런 단호하고 단순한 선택을 강요하는 것에 불쾌감을 느껴서다.

성격이 문제지만 그게 전부는 아니다

기업 임원들을 코칭하는 조직심리학자로서 중요한 임무 중 하나는 사람들의 행동에 개인이나 관계·팀·문화·구조·경제·인구학적·세대별·역사적인 영향이 있는지 폭넓게 사고하도록 도와주는 것이다. 어떤 결과나 행동에 대해 단순히 개인의 성격을 칭찬하거나 비난하면서 맥락을 폭넓게 고려하지 않는다면 성격귀인오류 personality attribution error를 범할 수 있다. 즉 성격에만 지나치게 집중해서 상황에 대한 특징이나 제약을 간과할 수 있다.

우리가 사는 곳이 다양한 빛깔을 띤 영화 속이라면, 우리는 단편적인 흑백사진으로 세상을 바라본다. 상사가 인정과 비난을 잘못처리하면, 그 원인을 상사의 성격 탓으로 돌리고 지금까지 그래왔으니 앞으로도 그렇게 행동할 것이라고 믿고 싶은 유혹이 생긴다.

하지만 이렇게 하면 다른 요인들은 무시하게 된디. 우리는 상황을 부분적으로밖에 볼 수 없다. 하지만 상사가 처한 입장을 포함해 우리 자신의 주관적인 인식과 그에 따른 행동 등 다양한 요인이 분명히 존재한다.

자신의 성격을 돌이켜보는 것만으로도 성격에는 여러 가지 특징이 있다는 것을 알 수 있다. 이를 통해 왜 어떤 사람은 다루기 어려운지, 왜 어떤 사람의 행동은 부당하고 비생산적인지 이해할 수 있다.

성격 유형을 이야기할 때는, 아무리 일반적인 특징이라 해도 특정 개인의 성격을 단순화한 것이라는 점을 염두에 두어야 한다. 성격은 심리학의 가장 큰 미스터리이며, 전문가들도 일반적인 유형의 중요성과 의미에 대해 의견을 달리한다. 내향성內向性을 예로 들어보자. 내향성과 외향성外向性은 여러 성격 영역에 존재하는 경향이며 시간과 장소, 상황에 따라 바뀔 수 있다. 사람들은 역할이 바뀌면 성격도 바뀐다. 예를 들어 연구개발부서에서 영업부서로 이동하면 내향적인 성격에서 외향적인 성격으로 쉽게 바뀔 수 있다.

어떤 사람을 비난하기 좋아하는 사람이라고 단순하게 생각하기는 쉽지만, 그 사람의 실제 모습은 훨씬 복잡하다. 오늘 비난하기 좋아하는 사람이 내일은 칭찬을 잘하는 사람이 될 수도 있다.

사려 깊고 풍부한 자료 조사가 돋보이는 『인격 숭배: 성격검사가 어떻게 아이들과 회사를 망치고 우리 자신을 오해하게 만들었는가The Cult of Personality Testing: How Personality Tests Are Leading Us to Miseducate

Our Children, Mismanage Our Companies, and Misunderstand Ourselves』에서 애니 머피 폴Annie Murphy Paul은 성격검사의 유행과 한계점에 대해 매우 상세하게 밝히고 있다.[1] 성격검사는 받을 때마다 다른 결과가 나올 수 있고, 검사를 통해 나온 행동 예측은 그리 신통하지 않다. 폴의 주장에 따르면 성격검사는 대부분 테스트를 받는 사람보다는 테스트를 개발하고 관리하는 사람의 세계관과 편견을 더 많이 반영한다.

폴은 심리학자 댄 매캐덤스Dan McAdams의 『이방인의 심리학The Psychology of the Stranger』을 언급하며,[2] 누군가의 성격 유형을 알 수는 있지만 이를 통해 그 사람을 의미 있는 수준으로 알지는 못한다고 말했다. 폴은 어떤 사람을 잘 알기 위해서는 어떤 유형의 사람인지 분류하기보다는 그 사람의 이야기에 관심을 기울이는 것이 좋다고 말한다. 나는 상담하면서 폴의 권유가 얼마나 지혜로운지 깨달았다. 늘 남 탓하는 사람을 이해하고 싶으면, 그 사람의 성격 유형을 파악하려고 애쓰지 말고 어린 시절 잘나가던 언니의 그늘에서 자라왔던 이야기를 들어주는 편이 훨씬 도움이 된다.

사람 탓이냐, 환경 탓이냐

심리학에서 중요한 논쟁 중 하나는, 행동을 결정하는 요인이 '사람'이냐 '환경'이냐는 것이다. 이는 본성nature과 양육nurture 중 무엇이 더 중요한가라는 오랜 논쟁과 비슷하다. 그에 대한 답은 당연하게도 유전적·생리적·기질적·환경적·경험적·환경적 요인이 모두 중요하다는 것이다. 이 모든 요소가 사람의 행동은 물론이고 인정과 비난을 처리하는 방법이나 인정과 비난을 받았을 때 인지하고 반응하는 방법에 영향을 미친다. 특정인이나 특정한 상황을 대상으로 이런 문제를 다루어야 한다면 제일 먼저 이런 복잡성을 염두에 두어야 한다.

어떤 사람의 성격에 문제가 있는지 고민하는 것도 중요하지만 넓고 다양한 맥락을 고려하고, 어떻게 영향을 받았는지 생각해보는 것이 우선이다. 스트레스와 불안 때문에 나쁜 성향이 갑자기 폭발하거나, 평소에는 드러나지 않던 기질이나 성격이 드러나기도 한다. 중요한 집안 문제로 고민에 빠진 동료 혹은 상사를 생각해 보자. 조용하고 합리적인 사람으로 보였던 사람이, 갑자기 사소한 실수에 폭발해 주위 사람 모두에게 비난을 퍼붓고 직장 분위기를 엉망으로 만들 수도 있다. 혹은 평소에는 합리적이고 유쾌한 동료지만 위협을 느끼면 지킬 박사에서 하이드 씨로 변신하는 경우도 있다. 위협을 받으면 사고와 행동이 경직되는 현상으로, 심리학자들은 위협경직성threat-rigidity이라고 부른다. 이런 경직성은 직장에서 굉장히 빠르게 전염되고 많은 문제를 유발한다. 사람은 부당하게 비난받거나 공을 빼앗기면 쉽게 화를 내고 일처리에 융통성이 없어진다. 그리고 곧 연쇄 반응이 일어나 다른 사람들도 위협을 느끼게 된다.

사실 우리에게 '자질'로 보이는 것이 실상은 운 나쁘게도 잠시 그런 '상태'에 있을 때 나타난 증상일 수도 있다. 코르티솔 같은 스트레스 호르몬 수치가 높아서일 수도 있고, 대니얼 골먼Daniel

Goleman이 편도체침탈amygdala hijack이라고 명명한 정신생리학적 상태 때문일 수도 있다. 편도체침탈은 감정의 평형을 잃고 통제하지 못하는 현상을 말한다.[3] 한편 독일 로스토크대학교 연구원들은 자폐증 치료법을 연구하다가 '포옹 호르몬'으로 알려진 옥시토신 수치를 높이면 공감력이 높아진다는 사실과 공감력이 높은 사람들은 반사적 비난을 할 가능성이 낮다는 사실을 발견했다.[4] 포옹과 섹스 외에, 약물로도 공감력을 높일 수 있다. 『뉴욕 타임스』는 최근 기사에서 환각을 일으키는 버섯 성분인 실로시빈psilocybin을 섭취하면, 타인에 대한 공감력, 심지어 이혼한 전 배우자에 대해서도 공감력이 커진다고 보도했다. 엑스타시(MDMA로도 알려져 있다) 같은 약물은 공포심이나 분노, 공격성을 잠시 감소시켜 준다고 한다.[5] 엑스타시를 대중화했다고 인정받는 알렉산더 사샤 시어도어 슐긴Alexander "Sasha" Theodore Shulgin은 이렇게 말했다. "그 약물은 '엠퍼시empathy(공감)'라고 부르는 게 옳지만, '엠퍼시'라고 했으면 선정적인 느낌이 덜했겠죠. 그래서 '엑스타시'라는 이상한 이름으로 불렸는데, 그게 굳어진 거죠."[6]

　유익한 정보지만 상사의 옥시토신 수치를 높이도록 허락하는 회사는 없을 것이다. 중요한 것은, 생리적인 반응과 사회적 영향 때문에 성격 차이의 영향은 미미해진다는 것이다. 서로 다른 성격을 가진 사람들이 같은 환경에서 함께 일하다 보면 행동이 비슷해질 뿐만 아니라 타인을 인정하고 비난하는 방식도 비슷해진다. 예를 들어 기업 문화가 악화되었을 때는 모두 서로를 비난하지만, 강력한 팀 중심의 문화에서는 팀원들이 서로 공로를 나눈다.

그렇기 때문에 앞서 언급한 복잡성과 예측불가능성에 대한 주의 사항과 더불어 '인간'과 '환경' 사이의 상호작용과 함께 성격의 역할에 관해 살펴볼 것이다.

비난 게임에 영향을 미치는 성격 차이

먼저 심리학에서 널리 사용하는 '정상적인' 성격을 구성하는 5가지 기본 단위에 대해 알아보자. 그다음 훨씬 극단적이고 까다로운 성격 유형을 분류해볼 것이다. 성격 유형에 관한 지식이 도움이 되는 이유는 사람들이 어떻게 조직에게 해를 끼치고 조직원에게 상처를 주는지 매우 잘 설명해주기 때문이다. 이러한 유형을 이해하면 문제를 일으키는 상사나 동료들이 어떤 사람인지 더 잘 알게 될 것이다. 또한 문제 행동의 패턴을 이해할 틀을 제공해줄 것이다.

하지만 성격 유형에 대해 반드시 고려해야 할 사항 4가지가 있다. 첫 번째는 누구나 다양한 행동 유형을 보일 잠재력이 있다는 것이다. 두 번째로 직장에서의 행동과 반응은 성격뿐 아니라 다른 사람과의 상호작용에 많은 영향을 받는다. 다음 장에서 살펴보겠지만, 누구와 일하느냐에 따라 최악 혹은 최선의 결과가 나오기도 한다. 세 번째는 성격 특성은 넓은 맥락 속의 일부라는 것이다. 두 사람의 성격이 똑같이 나온다 해도 서로 다른 행동을 할 수 있다. 특히 인정과 비난을 처리할 때는 성별이나 문화, 교육 수준, 사회경제적인 지위 등이 큰 영향을 미친다. 마지막으로, 환경은 성격의 모든 차원과 상호작용하며 행동에 영향을 준다.

성격 유형을 알아보려는 것은 어떤 사람이 까다로운 사람인지 구별하기 위해서가 아니다. 일반적인 성격 유형 구분은 그런 목적에 충분한 설명이나 예측을 해주지 못한다. 오히려 흥분을 가라앉히고 지금 문제를 일으키는 사람이 다른 사람에게도 저런 식으로 행동한다는 사실을 깨닫게 도와준다. 인정과 비난을 사적으로 받아들이면 고통스럽다. 다른 사람의 어려움과 문제를 잘 파악할수록, 우리 앞에 놓인 문제를 사적으로 대할 가능성은 줄어든다.

명백하게 부당한 처우를 받을 경우에도 행동하기 전에 흥분을 가라앉혀야 한다. 앞에서 보았듯이 제대로 인정받지 못하거나 지나치게 비난받았다고 느낄 때 감정적으로 반응하는 것은 문제를 훨씬 크게 키운다. 실제로 면전에서 경멸받거나, 경멸을 느꼈다고 해서 보복하려드는 사람은 개인이나 팀, 조직 전체에 매우 비생산적이고 불편한 상황을 야기할 수 있다. 그 순간에는 공정하고 전략적으로 보였던 행동이 나중에는 신중하지 못한 쓸모없는 행동으로 드러나기도 한다. 인정과 비난에 대한 평가가 부당하고 현실적이지 않다는 명백한 단서가 있다고 해도 즉각적으로 반응하는 것보다는 시간을 두고 신중하게 접근하는 것이 좋다.

한 사람에게 악독한 상사가 다른 사람에게는 단지 사소한 일로 귀찮게 하는 상사일 수 있다. 악독한 상사인지 판단하는 기준은 보는 사람에 따라 다르고, 각자의 내면과 관계의 상호작용에 따라 달라진다.

빅 파이브 모델과 비난 게임

마이어스-브릭스 유형 지표Myers-Briggs Type Indicator, MBTI가 훨씬 유명하지만, 빅 파이브 모델은 수십 가지 실험과 통계 연구를 기초로 하며, 성격 연구를 바탕으로 한 가장 널리 인정받는 모델이다.[7] 요인분석factor analysis이라는 데이터 분석 기법을 사용해 수백 가지의 기질 서술자trait descriptor를 추려내어 다양한 성격을 5가지 카테고리로 설명했다. 수많은 학자들이 수십 년간 연구에 이바지했지만, 특히 미국국립보건원의 폴 코스타Paul Costa와 로버트 매크레이Robert McCrae가 빅 파이브 모델을 집대성하고 대중화한 공로를 인정받고 있다.

5가지 카테고리(영문 첫 글자를 어떤 순서로 배치하느냐에 따라 OCEAN 또는 CANOE라고 한다)는 다음과 같다.

경험 개방성: 경험 개방성이 높으면 창의적이고 호기심이 많다. 낮으면 조심성이 많고 보수적이다.

성실성: 성실성이 높으면 능률적이고 체계적인 성향을 보인다. 낮으면 느긋하고 부주의하다.

외향성: 외향성이 높은 사람은 사교적이고 활동적이지만 낮은 사람은 수줍어하고 대인 관계에서 내향적이다.

친화성: 친화성이 높으면 친절하고 다정하다. 친화성이 낮은 사람은 경쟁적이고 말을 거침없이 한다.

신경성: 신경성 점수가 높으면 예민하고 걱정이 많다. 낮으면 안정적이고 자신감이 있다.

빅 파이브의 각 카테고리에는 6개의 하위 요인이 있다.

경험 개방성: 공상, 미적 추구, 감성, 모험심, 지성, 진보성
성실성: 유능감, 질서, 의무감, 성취 노력, 자제심, 신중함
외향성: 친근함, 사교성, 자기 주장, 활동성, 흥분 추구, 긍정적 정서
친화성: 신뢰, 도덕, 이타성, 협력, 겸손, 동정심
신경성: 불안, 분노, 우울, 자의식, 충동성, 연약함

중요한 점은 한 카테고리의 점수가 높다고 해서 하위 요인의 점수가 모두 높은 것은 아니라는 점이다. 이를 테면 성실성 카테고리에서 높은 점수를 보인다고 해서 성실성의 하위 요인 모두에서 높은 점수를 보이지는 않는다. 의무감에서 높은 점수를 얻었다고 해서 성실성의 다른 하위 요인이 성취 노력에서 높은 점수를 받으리라는 보장은 없다. 의무감과 성취 노력은 서로 관련성이 있지만, 이 특질들에는 서로 독립적인 특징 또한 존재한다.

개인의 특징은 5가지 카테고리와 하위 특질의 조합으로 나타낼 수 있는데, 인정과 비난 문제에 접근하는 방식에 대해서도 설명

할 수 있다. 이를테면 친화성과 그 하위 요인인 겸손 점수가 높은 사람은 자신이 받아야 할 정당한 공로를 주장하는 데 어려움이 많을 것이다. 겸손 점수가 높은 사람은 자신이 남보다 잘한다고 주장하지 않으려 하기 때문이다. 친화성 점수는 높지만 겸손 점수는 낮은 사람은 그런 문제를 경험하지 않을 것이다. 또한 겸손 점수는 높지만 친화성의 다른 하위 요인인 이타성 점수(남을 돕거나 남에게 너그럽게 대하는 정도를 측정한 점수)는 낮을 수도 있다. 이 사람은 공로를 찾아다니지 않지만 남에게 공로를 돌리는 데 너그럽거나 이타적이지 않을 수도 있다.

외향성 점수가 아주 낮은 내향적인 사람이 자기 주장 점수도 낮다면 공로를 주장하는 것이 어려울 것이다. 하지만 내향적이면서도 자기 주장 점수가 높다면 정당한 공로를 인정받는 방법을 쉽게 찾아낼 것이다.

성실성의 하위 요인인 의무감은 임무를 완수하려는 정도와 도덕 준수 정도를 나타내는데, 성실성과 의무감이 모두 높은 사람은 결과가 기대에 못 미치면 실제보다 자신을 더 탓할 수 있다.

신경성 점수가 높은 사람은 다른 사람에 비해서 자책하는 경우가 많다. 특히 하위 요인인 연약함의 정도가 높으면 타인의 비난에 민감하게 반응하고 상처도 쉽게 받는다. 연약함은 압박감과 스트레스를 받을 때 평정심을 잃는 정도를 나타내기 때문이다. 연약함의 정도가 높고 신경성의 다른 하위 요인 분노까지 높다면 자신이 받는 고통을 타인을 무섭게 비난하는 것으로 표현할 것이다. 분노는 일이 뜻대로 되지 않을 때 억울해하고 화가 나는 정도를 나타낸다.

5가지 카테고리와 하위 요인들은 다양한 개인이 어떻게 다른 사람과 조화롭게 일하거나 문제를 일으키는지 설명하는 데에 도움이 된다. 어떤 특질에서 점수가 높은 사람과 낮은 사람은 종종 인정과 비난 문제를 두고 분쟁을 일으킨다. 예를 들어 성실성이 높은 사람은 성실성이 낮은 동료가 항상 보고서 정리를 늦게 한다며 불만을 터뜨릴 것이다. 경험 개방성이 높은 사람은 자신의 태도를 전혀 바꿀 생각이 없는 사람과 일하는 것이 쉽지 않을 것이다. 의무감이 높은 사람은 자기 기준이 낮은 사람과는, 비록 성취 노력 점수가 높거나 둘 다 전반적으로 성실성이 높다고 해도, 일하기 쉽지 않을 것이다.

내향적인 사람과 외향적인 사람도 함께 일하는 데 문제가 있다. 내향적인 사람은 속내를 잘 털어놓지 않고, 조용하게 말하고, 혼자 일하기를 즐기는데, 외향적인 사람과 공로를 놓고 경쟁하는 경우가 빈번하기 때문이다. 외향적인 사람은 자신들의 생각을 널리 알리기 좋아한다. 하지만 내향적인 사람은 자기 홍보를 부담스러워하기 때문에 정당한 공로를 인정받으려다 평판에 손상을 입는 경우가 빈번하다. 낸시 앤코위츠Nancy Ancowitz는 『내성적인 당신의 강점에 주목하라Self-Promotion for Introverts』에서 "내향적인 사람에게 남의 눈에 띄는 것은 아주 큰 도전이다. 우리는 일에 몰두하다보면 종종 바닥까지 내려간다. 그러다보면 공로를 인정받기 위해 수면 위로

올라오는 깃을 잊이비린디" 라고 말했다.[8]

내향적인 사람에게 유익한 전략은 새로운 일을 시도해보는 것이다. 앤쇼위츠가 세안한 깃처럼, 회의가 끝니면 주요 안건을 정리해서 이메일을 보내거나, 회의를 주최해서 발표하는 것까지 시도해보는 것이다. 사람들이 성격 때문에 겪는 어려움과 기회를 파악하는 것은 직장 생활에 큰 도움이 된다. 그 사람의 장점을 살려 전략을 세울 수 있고, 부정적인 영향을 최소화해서 발전할 여지를 제공하기 때문이다.

빅 파이브 모델의 성격 차원들은 사람이나 상황에 따라 제 기능을 발휘할 수도 있고 못할 수도 있다. 성격을 구성하는 속성들은 마치 물질을 구성하는 분자와 비슷하다. 같은 물 분자가 상황에 따라 물, 얼음, 수증기로 상태를 바꾸듯 성격의 속성들도 상황에 따라 다르게 영향을 미친다. 따라서 성격의 특질과 상태를 구별하기는 대단히 어렵다. 예를 들어 상사가 언제나 얼음공주인지, 아니면 차가운 직장 분위기 때문에 최근에 얼음공주가 된 것인지 구별하기 어렵다.

인정과 비난에 관련한 행동을 설명하기 위해 모든 성격 차원을 조합해보려고 시도할 필요는 없다. 앞서 언급했지만 성격 유형을 소개하는 이유는 상사나 동료, 혹은 자신을 정확하게 분석하기 위한 것이 아니다. 성격 유형으로 사람을 정확하게 분석할 수 없고 그래야 할 필요도 없다. 단지 성격이 인정과 비난을 처리하는 데 얼마나 영향을 미치는지, 그리고 다양한 성격 요소의 조합이 직장 내

에서 벌어지는 사건에 큰 역할을 한다는 것을 보여주고 싶었을 뿐이다.●

5가지 성격 차원은 학계에서 이른바 정상적인 성격의 기본적 특징으로 널리 인정받고 있다. 이 분야에서 인정받는 또 다른 유형 체계는 '문제 유형'의 집합으로, 이 역시 인정과 비난의 역학 관계를 잘 설명해준다.

문제적 성격 유형들

성격은 '개인의 문화'라고 할 수 있다. 성격은 각자 세상을 바라보고 행동하는 방법이며, 개인은 환경에 적응하기 위해 성격을 개발해야 한다. 한 개인의 성격이 제 기능을 발휘하고 환경에 잘 적응한다면 내면의 욕구와 사회적 요구 사이의 균형은 문제없이 유지될 것이다. 하지만 과거에는, 예를 들어 가족과 지낼 때는 제 기능을 발휘하고 환경에 잘 적응했던 성격이 직장 생활을 할 때는 말썽을 일으킬 수도 있다.

심리학자들은 성격의 부적응 경향을 3가지 범주로 나눈다. 여

● 인터넷에서 빅 파이브 모델과 하위 요인을 무료로 검사할 수 있다. 다음 주소(www.personal.psu.edu/j5j/IPIP/ipipneo120.htm)로 접속하면 된다. 이 평가는 120가지 질문으로 이루어졌고, 각 질문이 얼마나 자신을 잘 표현하는지에 따라 '아주 부정확하다'부터 '매우 정확하다'까지 5가지 항목 중 하나를 선택할 수 있게 되어 있다. 다음 사이트(www.psychometric-success.com/personality-tests/personality-tests-big-5-aspects.htm)도 참고해보라.

기서 부적응이란 성격의 장점을 상쇄하는 손실을 뜻한다. 부적응의 3가지 범주는 인정과 비난 양쪽에 작용하지만 정의상 비난 쪽에 더 관련된다. 이 3가지 범주는 지나치게 타인에게 책임을 돌리는 외벌형外罰型, 비난 자체를 극도로 거부하는 무벌형無罰型, 자신에게 너무 가혹하게 책임을 돌리는 내벌형內罰型이다.

저명한 심리학자 로버트 호건Robert Hogan과 그의 부인 조이스 호건Joyce Hogan은 이 3가지 범주를 더 세밀하게 나눠 11개 유형으로 분류했다.[9] 이 분류 체계는 사람들이 인정과 비난을 어떻게 받아들이고 타인을 인정하고 비난하는지 평가하는 데 가장 도움이 되는 기준이다. 여기에서는 호건의 11개 유형을 소개하고, 이 유형이 앞에서 이야기한 3가지 범주(외벌형 · 무벌형 · 내벌형) 중 어디에 속하는지 설명할 것이다.●

하지만 그 전에 꼭 짚고 넘어갈 것이 있다. 어떤 사람이 특정 유

● 2009년 7월 6일 로버트 호건에게 개인적인 이메일을 받았다. 호건은 미국 최고의 성격 분류 테스트 개발자로, 이 책에 실린 성격 유형은 그의 광범위한 연구와 경험에 큰 도움을 받았다. 이를테면 성격을 분류하는 과정에서 '은둔형'이 '외벌형'이 아닌 '무벌형' 아래에 있어야 하는 근거는 경험적으로나 통계적으로 충분히 확립된 적 없다. 호건은 '은둔형'이 개념적으로 '무벌형'에 더 가깝다고 생각했지만, 통계적인 관점으로는 '외벌형'에 적합할지도 모른다는 의견을 제시했다.
11가지의 문제적 성격 유형과 3가지 카테고리는 로젠츠바이크 PF 스터디(Rosenzweig Picture-Frustration study)에서 유래한 것으로 심리학자 솔 로젠츠바이크(Saul Rosenzweig)가 1940년대에 개발했다. 로젠츠바이크 PF 스터디는 '스터디'라고 하지만 실제로는 공격성을 평가하려고 설계된 투사 검사법(projective test)이다. 이 테스트는 24장의 카드로 구성되어 있고, 각기 다른 '욕구불만' 상황에 처한 주인공(protagonist)과 적대자(antagonist)가 등장한다. 각자에겐 말풍선이 있는데, 적대자의 말풍선은 안이 채워져 있고 주인공의 말풍선이 비어 있다. 테스트에 참여하는 사람은 자신이 주인공이라고 생각하고 정해진 시나리오에 대응해 주인공의 말풍선을 채워넣어야 한다. 그 반응에 따라 남의 탓을 하지 않는

형에 속한다고 해서, 그 사람의 행동을 변화시킬 방법을 찾았다고 문제가 해결되지 않는다는 점이다. 상황을 엉뚱하게 인식하는 사람에게 매번 반대 증거를 제시하고, 다른 기준을 들이댄다면 생산성이 뚝 떨어질 것이다. 성격에 문제가 있는 사람의 세계관을 거스르는 행위는 위협감을 주어 그 사람을 훨씬 방어적으로 바꿀 수도 있다. 따라서 성격 유형을 소개한 후에 이런 유형의 사람과 일하기 위해 섬세하고 참을성 있게 문제에 접근하는 방법을 알아볼 것이다.[10]

외벌형: 나만 아니면 돼

외벌형은 책임져야 하는 상황에 닥치면, 자신만 아니면 누구에게든 책임을 돌리거나 외부 상황 탓을 늘어놓는다. 외벌형의 동료들은 자주 부당한 비난을 들을 가능성이 높다.

내게 코칭을 받는 임원 중 한 명인 젠나는 유능하지만 끊임없이 화를 내는 상사 윌리엄을 어떻게 대해야 할지 조언을 구했다. 윌리엄은 성공한 투자회사의 창업자고, 젠나는 그 회사의 총무부장이다. 젠나가 염려하는 이유는 윌리엄이 자신에게 화를 내기 때문이 아니라, 하급 투자전문가들을 끊임없이 야단치기 때문이었다. 윌리

사람, 남의 탓을 하는 사람, 자신의 탓을 하는 사람 등 몇 가지 유형으로 분류한다. 투사검사법의 타당성에 대해서는 오랫동안 논쟁이 있어왔고, 11가지 유형의 분류에 대해서는 논란의 여지가 있지만, 3가지 카테고리는 비난의 역학에 대해 사고하는 데 여전히 유용하다.

엄은 늘 남의 탓을 하면서 자신이 책임지는 일은 한 번도 없었다. 외벌형 중의 외벌형이었다. 젠나는 회사에서 어머니와 비슷한 역할이어서 사람들이 윌리엄에게 야단을 맞고 나면 젠나를 찾아와 도움을 청했다. 젠나가 보기에 윌리엄의 행동은 회사에 부정적인 영향을 주고 있었다. 직원들은 불안에 떨었고 사장 앞에 가면 눈치를 보았다. 결과적으로 이직률이 높아졌다. 능력 있는 직원은 기회가 생기면 새로운 생활을 찾아 다른 회사로 떠났다.

윌리엄은 툭하면 남의 탓을 하며, 직원들이 말귀를 못 알아듣고 제때 일을 하지 않는다고 투덜댔다. 심각한 일 중독자인 윌리엄은 늘 바빴고, 팀을 관리하기보다 투자자를 만나는 데 더 많은 시간을 쏟았기 때문에 직원들은 그를 만나기 힘들었다. 부하 직원들은 그와 소통하기를 두려워했다. '일을 해도 욕을 먹고, 안 해도 욕을 먹기' 때문이었다. 업무 지시 사항에 의문이 있어 찾아가면 윌리엄은 무뚝뚝하게 스스로 파악하라고 쏘아붙였다. 윌리엄에게 묻지 못해 의도를 제대로 파악하지 못하면, 일을 잘못했다고 비난했다.

젠나는 윌리엄에게 사내 투자전문가들이 얼마나 스트레스를 받는지 솔직하게 말해주고 싶었다. 하지만 나는 섬세하게 접근해야 한다고 조언했다. 젠나와 함께 윌리엄이 실망하고 화낸 상황들을 되짚어보았더니, 거기에는 공통점이 있었다. 대개 투자를 분류하는 방법에 관한 것이었다. 기존 카테고리에 속하지 않는 투자 항목들이 있었는데 직원들은 이를 분류하는 데 어려움을 겪었다. 정서지능이 뛰어난 젠나는 윌리엄의 행동에 이의를 제기하거나 직원들을 보호하려는 것은 도움이 안 된다는 것을 알았다. 그렇게 하면 오히려 윌리엄은 더 화를 낼 것이고, 문제를 차분히 되돌아보지 못할 것이다. 젠나는 대신 적당한 때를 골라 직원들의 의문 사항을 전해주었다. 윌리엄이 여유 있을 때 "직원들이 이 투자 건을 어떻게 분류해야 하는지 잘 모르는 것 같아요"라고 한마디 던졌다. 때로 윌리엄이 날선 반응을 보이면 더 압박하지 않고 물러났다.

젠나는 시간을 두고 꾸준하게 윌리엄과 소통했고, 윌리엄은 투자 분류를 헷갈려 하는 것이 직원들 탓이 아니라는 것을 알게 되었다. 젠나는 대책위원회를 꾸려서 명확한 지침을 제공하는 것을 제안했고, 그 결과 혼란은 훨씬 줄어들었다. 젠나가 꾸준히 노력한 결과 윌리엄은 직원들을 탓하다 사업을 망치지 않을 수 있었다.

다혈질형: 변덕스러운 수호자

다혈질형은 활달하고 기분에 따라 관리 스타일이 달라진다. 성급하게 판단하고, 사실보다는 기분에 따라 공과를 가리기 때문에 공정하지 못한 경우가 많다. 함께 일하는 사람들은 어떻게 해야 이들의 기분이 좋아지고, 분노를 피할 수 있는지 파악하기 어렵다.

다혈질형의 '특질'을 파악하기 어려운 이유는 '상태'가 자주 변하기 때문이다. 과분하게 공로를 인정해주다가도 곧바로 비난을 퍼붓고 갑자기 무뚝뚝하게 돌변하기도 한다. 사람들은 곧 이들과 너무 가깝게 지내면 안 된다는 것을 깨닫는다. 높이 날수록 추락은 고통스럽기 때문이다.

다혈질형 상사는 '남 탓은 괜찮지만 내 탓은 안 돼'의 살아 있는 예다. 부정적인 의견이나 비난에 매우 방어적이라 쉽게 침착함을 잃고 흥분하거나, 선의의 반응도 부당한 것으로 받아들이는 경우가 많다. 다혈질형 상사는 종종 팀원들을 겁주거나 사기를 꺾기 때문에 부하 직원들은 자신감이 없어지고 소심하게 변한다. 부하 직원들은 또한 상사의 변덕스러운 기분과 수시로 바뀌는 일의 우선순위에 신경 쓰느라 제때 일을 못하거나 충분히 예방할 수 있는 실수를 저지르게 된다.

신중형: 민감한 포기자

신중형은 결단력이 없어 보일 정도로 간섭하지 않는 관리 스타일로, 비난받을 위험을 최소화하는 방향으로 의사 결정을 한다. 만나서 이야기하는 것은 물론 전화나 이메일로도 접촉하기 힘들고, 심지어 불가능할 때도 있다. 주목받는 것을 피하며 공개적인 자리에 초대받는 것도 거부한다. 비관적인 성향이어서 노력을 해도 공로를 인정받기보다는 비난받을 것이라고 생각한다. 비난을 받으면 더 위축된다. 신중형은 비난받는 것에 과민하게 반응하기 때문에 심하게 방어적이거나 걱정이 지나친 나머지 피드백을 두려워한다. 동료 입장에서 특히 더 분통이 터지는 유형이다.

신중형 관리자는 부하 직원들의 공로를 후하게 인정하는 것을 두려워하고, 부하 직원들 또한 주목받지 않기를 바라게 될 가능성이 높다. 부하 직원들은 리더에게 무시당했거나 버림받았다는 느낌에 사기가 떨어지고 의욕이 없어지기 쉽다. 또한 신중형 리더 때문에 업무 정체가 일어나면 부하 직원들은 마감에 늦지 않을까, 혹은 빡빡한 일정 때문에 일을 제대로 하지 못해서 비난을 받지 않을까 걱정하게 된다. 누군가 이런 문제를 제기하면, 신중형은 더욱 위축되고 말 것이다.

의심형: 조심스러운 관찰자

의심형은 맞서 싸우거나 도망치는 타입이다. 사람들을 이끌어 전투태세를 갖추지만, 조금이라도 안 좋은 징조가 보이면 한발 물러서서 관망한다. 이런 유형은 자신이 부당하게 평가받고 있다고 믿으며, 누군가 자신의 공로를 인정하면 진심인지 의심부터 하고 본다.

의심형은 다른 사람들이 내리는 인정과 비난을 걱정하기 때문에, 그에 따른 상처를 최소화하는 방향으로 의사 결정을 내린다. 어떤 위험도 감수하려 하지 않으며, 새로운 시도나 실험도 하려고 하지 않는다. 비난받을 수도 있기 때문이다. 자신의 약점을 타인에게 투사하기 때문에 자신의 문제나 단점을 남 탓으로 돌리는 경향이 있다. 이를테면 어느 의심형 동료가 프로젝트가 늦어진 것이 다른 직원 탓이라고 비난한다면, 그 직원이 자신을 비난한다고 생각하기 때문이다.

의심형은 누군가 건설적인 조언을 해주어도 이를 비판이나 비난으로 받아들인다. 마음을 열지 못하고 '싸우거나 도망치는' 자세로 타인을 대하기 때문에 의심형 리더가 이끄는 조직은 구성원들도 다른 조직을 경계하게 되고 타부서와의 협력에 애를 먹는다.

여유형: 자기합리화하는 비난자

여유형은 자신에게 맞는 속도와 선호에 따라 일하며, 타인의 요청은 무시한다. 일이 잘못되면 책임지기를 거부하고, 업무를 맡긴 사람을 비난하며, 그 일에서 자신이 맡았던 역할을 인정하려 들지 않는다. 자신보다 공로를 더 많이 인정받는 사람을 시기하며, 자신이 충분히 인정받지 못하고 있지 않은지 경계를 늦추지 않는다. 그리고 자신은 늘 부당하게 평가받고 있다고 믿는다. 여유형은 상사나 동료로서는 경쟁적이며 신뢰감을 주지 못하지만, 처음에는 적대적인 성격이 잘 드러나지 않는다. 겉으로는 친절하고 잘 도와주는 것처럼 보이기 때문이다. 또한 남의 지시를 쉽게 따르지 않으며 약속을 남발하고 잘 지키지 않는 경향이 있어, 부하 직원보다는 상사에게 더 까다로운 유형이다.

무벌형: 무책임한 책임 회피자

무벌형은 책임을 져야 할 때가 오면 장황하게 이야기를 늘어놓으며 실수를 인정하려 들지 않는다. 함께 일하는 사람들은 무슨 말인지 알 수 없는 모호한 말로 책임을 회피하는 무벌형에게 화를 내기 십상이다.

예전에 대형 비영리 의료 기관의 대표를 코칭한 적이 있다. 이 의료 기관은 치열한 경쟁의 한가운데에서 큰 변화를 맞이하고 있었다. 대표인 로버트는 내게 몇몇 주요 지원금이 줄어든 상태라, 비용을 절감하고 여러 절차를 효율적으로 간소화하여 조직 문화를 능률적으로 바꿔야 한다고 상세하게 말해주었다. 나는 원격 회의에 참석했는데, 간부들은 여러 소규모 팀을 조직해서 6개월 동안 운영하고 결과를 보기로 했다. 간부 중 최고관리책임자인 돈은 구체적인 수치를 들이대며 남에게 책임을 뒤집어씌우는 것으로 유명했다. 로버트는 꺼림칙하긴 했지만 돈에게 팀 하나를 맡겨, 새로운 프로세스를 도입해 운용 효율을 높이는 임무를 할당했다.

두 번째 회의를 앞두고 로버트는 돈이 이끄는 팀의 진행 상황을 확인하기 위해 돈과 만났다. 이 회의에서 돈은 로버트에게 '수치 자료'라는 제목의 파워포인트를 보여주었다. 로버트는 그 자료를 보고 안도감을 느꼈다. 돈이 애매모호한 이야기를 꺼낼 것이라고 걱정했으나, 자기 할 일을 하고 직접 일종의 성적표까지 작성했기 때문이다. 하지만 발표가 진행되면서 그 수치가 목표를 달성한 수치가 아니라 시도한 수치에 불과하다는 것이 밝혀지자 안도감은 놀라움으로, 그리고 분노로 바뀌었다. 돈은 여러 통계 자료를 열거했다. 이를테면 "우리가 합의한 신규 프로세스의 83퍼센트를 실행하기 시작했다" 같은 식이었다. 로버트가 기대한 것은 시도에 대한 통계가 아니라 결과에 대한 통계였다. 돈은 업무 진행 상황이 누락되었다는 비난을 듣기 싫어서 업무를 제멋대로 해석한 것이다. 로버트는 내게 이렇게 말했다. "일을 시도했다는 것과 일을 한 것은 다르잖아요."

로버트의 분노와 실망에도 돈은 무관심으로 일관했다. 로버트는 비난을 모면하기 위해 중간에 게임의 규칙을 바꾸는 일이 없도록 관리에 더 신경써야 한다는 것을 깨달았다. 로버트는 돈에게 앞으로는 업무 평가를 시도가 아닌 결과에 따라 평가하겠다고 분명하게 밝히며, '평가 수치'는 자신이 직접 작성하겠다고 말했다. 돈은 마침내 로버트의 메시지를 알아듣고 더 이상 무벌형 행동을 보이지 않았다. 돈이 제 역할을 하게 되자, 로버트는 자신이 추구하던 조직 문화 변화가 시작되었다는 확신을 얻었다.

대담형: 인기 스타

대담형은 개인적인 영광을 위해 팀을 이끈다. 많은 사람에게 칭찬을 들으려 하고, 누구보다 자신이 칭찬을 받아 마땅하다고 생각하며, 늘 자신의 성과와 재능에 대해 떠들고 다닌다. 일이 잘못되거나 실수를 저지르면 정보를 외면하거나 왜곡하고 사건을 조작해서 비난을 모면하려고 한다. 자신이 저지른 잘못으로 비난받을 때도 지나치게 괴로워한다. 실제 업무 기여도나 성취와는 무관하게 자신의 존재만으로도 대접을 받아야 한다고 믿기 때문이다.

대담형은 상사의 비위는 맞추지만, 하급자는 함부로 대한다. 전략적으로 상사의 환심을 사서 비난을 회피하는 반면, 부하 직원들의 공로를 인정하는 일은 게을리 한다. 대담형은 공과를 평가할 때 공적보다는 사적인 친분이나 감정에 따른다. 대담형 아래서 일하는 사람들은 어떤 사람은 늘 칭찬을 받지만 어떤 사람은 뭘 해도 비난을 받는다고 믿게 된다.

앞에서 봤던 데이나의 상사 알렉산드라는 전형적인 대담형이다. 6장에서 자세히 알아보겠지만, 짐 콜린스Jim Collins가 베스트셀러 『좋은 기업을 넘어, 위대한 기업으로Good to Great』에서 설명한 효율적이고 성공적인 '단계5의 리더'는 대담형과 정반대의 모습을 보인다.[11] 콜린스는 모범적인 리더들은 실패했을 때는 '거울 속 자신의 모습을 들여다보며' 자신에게 책임을 돌리고, 성공했을 때는 '창밖을 바라보며' 공로를 다른 사람과 나눈다고 말했다.

민폐형: 위험 추구자

민폐형은 목적을 달성하기 위해서라면 절차를 무시하고 규칙도 마음대로 바꾼다. 공로를 인정받기 위해서는 무슨 일이든 한다. 시기심도 강해서 다른 사람의 정당한 공로 역시 가로채려 한다. 실패했을 때는 능숙하게 비난과 책임을 피한다. 민폐형은 신뢰하기 힘든 타입으로, 같이 일하는 사람들에게 좋지 않은 영향을 준다. 민폐형 한 사람 때문에 조직 전체에 대한 신뢰도가 떨어질 가능성이 있기 때문이다.

은둔형: 무관심한 몽상가

은둔형은 인간적인 면은 무시하고 오로지 업무에만 집중하며,

기술적으로 리더십을 발휘한다. 자신이나 타인의 공과를 평가하는 일은 별로 중요하게 생각하지 않지만, 비난받는 것은 거부한다. 자신이나 부하 직원들이 공로를 인정받는 것에는 별로 신경 쓰지 않아 보이고, 다른 사람이 공로를 세워도 축하하지 않는다. '반쯤 회사를 떠난 상태'이기 때문에 다른 사람의 의견도 무시하고, 팀원들에게 도움이 되는 말도 해주지 않는다. 결과적으로 조직에 유대감이나 헌신하려는 마음이 거의 존재하지 않게 된다.

변화무쌍형: 배우

변화무쌍형은 주목받는 것을 즐기고, 화제의 중심이 되고 싶어 한다. 자신의 성공에 관심 없는 사람에게는 적개심을 보인다. 매우 외향적이어서 항상 눈에 띄기를 바라며, 공개적으로 인정받을 일이 아니면 금세 의욕을 잃고 따분해 한다. 이런 유형의 사람은 남들의 시선에 목이 말라서, 눈에 띄지 않을 바에는 비난받는 것을 선택한다. 또한 남이 인정받는 모습을 보기 싫어서 동료나 하급자보다 눈에 띄려고 노력하기도 한다. 변화무쌍형과는 팀을 이루어서 일하기 어렵다. 자신만 관심받기를 바라고 남이 받는 정당한 관심도 가로채려고 하기 때문이다. 이들은 도움이 필요할 때만 다른 사람과 공로를 나누고, 재빨리 극단적인 인정과 비난의 형태를 반복한다. 일이 실패하면 자신의 실수를 인정하지 않고, 비난을 들으면 매우 과장된 모습을 보인다. 항상 매력적으로 보이길 바라고 비난은 절대 들으려 하지 않는다.

공상형: 적극적인 몽상가

공상형의 관리 방식은 특이하고 유별나다. 공과를 가릴 때도 드러난 사실보다는 미신이나 마법에 의지하는 것처럼 보인다. 실수를 저지른 이유를 물으면 어리둥절한 근거를 대므로 무엇 때문에 결과가 나빴는지 정확히 파악하기 어렵다. 미래에 있을지 모를 비난을 걱정하면서도 실제로 비난을 받으면 별로 개의치 않는다. 이런 유형의 상사나 동료와 논의를 나누기 어려운 이유는, 이들이 남의 고민에 무관심한 것처럼 보이기 때문이다.

내벌형: 대책 없이 자책하는 사람들

실패에 대한 책임을 때로는 심하게 느껴질 정도로 자기 내부에서 찾는 사람을 내벌형이라고 한다. 자기 잇속을 차리려고 남을 탓하거나 책임을 거부하는 사람이 훨씬 많긴 하지만, 지나치게 자책하는 사람 역시 큰 문제다. 여성은 남성에 비해 내벌형이기 쉬운데, 여성의 높은 우울증 발생률과 관련 있는 것으로 보인다.

카테리나는 내가 코칭하는 고객 중 한 명으로, 유명한 중견 제약회사의 최고 연구원이다. 카테리나는 25년 동안 근무하면서 미국 내와 해외에서 두루 인정받았다. 카테리나는 사장의 말이라면 어떤 말이든 성실하게 따랐고, 그의 인정을 받기 위해 온갖 노력을 다했다. 그런데 그녀가 다니던 회사가 다른 회사에 인수되었고, 사장은 강제 퇴출당했다. 정치적인 이유로, 최고 연구원 자리는 상대

기업의 연구원이 차지했다. 카테리나는 회사에 남아서 일해달라는 제안을 받았지만 다른 일자리를 알아보기로 했다. 카테리나는 연구에만 몰두하느라 사내 정치에 신경 쓰지 못했고, 임원들과 관계를 형성하지도 못해서 상대 회사 연구원에게 자리를 넘겨주고 말았다고 자책했다.

카테리나가 어떤 직업적 목표를 가지고 있는지, 어떤 직장을 원하는지 이야기를 나눈 뒤, 면접 연습을 해보았다. 면접관으로서 나는 카테리나의 이력과 업적, 직장에서 무엇을 성취하고 싶은지 물었다. 카테리나는 여유 있고 자신감이 넘쳐서 어떤 회사 사장이라도 탐낼 인재라는 인상을 주었다. 그다음 "지난번 회사는 왜 그만두신 거죠?"라고 질문을 던졌다. 카테리나는 완전히 얼어붙어 아무 말도 하지 못했다.

순식간에 침착하고 카리스마 넘치던 전문가는 사라지고, 부모님 차를 몰고 나왔다가 사고를 낸 소녀 같은 모습의 카테리나가 앉아 있었다. 그녀는 눈을 마주치지 못하고 작은 소리로 중얼거렸다. "제가 정치를 잘 몰라서요. 사장이 떠나고 나니 나 혼자뿐이었어요." 말 그대로 의자에 앉아 몸이 쪼그라든 것처럼 보였다. 납치당한 인질이 텔레비전에 나와 납치범들이 자신을 잘 대해주고 있다고 말하듯 애처롭게 말했다. 마치 스위치를 누르자 갑자기 지난 25년간의 경력이 실패로 끝나버린 듯한 느낌마저 들었다. 내가 관찰한 바를 그녀에게 이야기하고 기분이 어떤지 물었다. 카테리나는 선뜻 인정하며 벌써 몇 달이 지났지만, 여전히 마음의 정리가 되지 않아,

회사를 그만두었을 때의 상황은 이야기하고 싶지 않았다고 말했다.

우리는 그 후 몇 번 더 만나서 이 질문에 대한 대답을 연습했다. 카테리나는 나와 의견을 주고받으면서 질문에 부담 없이, 지적이고 안정감 있게 대답하기 시작했다. 미리 준비한 듯 바로 대답하지 않고 매번 연습 때마다 다른 말을 써가며 무슨 일이 있었고 그 이유는 무엇이었는지 견해를 밝혔다. 연습을 거듭하면서 카테리나는 자기 내면의 목소리를 들었고, 매번 다른 관점으로 과거를 돌이켜보았다. 카테리나는 더는 미안해하며 자책하는 소녀 같은 인상을 주지 않았고, 능력 있고 성공한 연구원처럼 보였다. 실제 인터뷰 날짜가 다가오자 "지난번 회사는 왜 그만두신 거죠?"라는 질문에도 대답할 준비가 되었고 더는 두려워하지 않았다. 카테리나는 면접 후에 내게 전화를 걸어 유리한 조건으로 다른 조직의 최고 연구원이 되었다고 말해주었다.

근면형: 꼼꼼한 관리자

근면형 관리자는 완벽주의를 지향한다. 큰 그림을 보기보다 실행에 집중하며, 엄청난 성실성을 보여준다. 성취한 결과를 대단하지 않게 여기며, 자신과 남의 공로를 인정하는 때는 '완벽'했을 때뿐이다. 비난을 받을까봐 걱정이 많기 때문에 새로운 시도를 꺼리며, 지나치게 분석만 하다가 아무것도 하지 못하는 상태가 되어 어려움을 겪기도 한다. 계획을 분석하는 데 과도한 시간을 쏟다가 실행은 해보지도 못한다. 자신이 저지른 실수를 가혹하게 비판하는 것과 마찬가지로 남들이 저지른 사소한 잘못 역시 꼼꼼하게 조사해서 책임을 묻는다. 이들은 이분법적인 논리로 공과를 가를 뿐 아니라, 남들이 한 행동뿐만 아니라 그 방법에 대해서도 책임을 따진다. 이런 유형은 상사에게 아무리 사소한 비난을 들어도 그 비난을 부하 직원에게 전달할 가능성이 높다. 이런 상사 아래서 일하는 직원들은 사소한 일에 집착한 나머지 큰 그림을 놓치거나, 숲을 보지 못하고 나무만 보게 된다.

충성형: 순교자

충성형은 하급자를 지원하는 것보다 상사를 기쁘게 하는 것에 집중한다. 상사가 성과를 거두어 인정을 받으면 그 후광을 누리지만, 자신이 공로를 인정받는 것은 부담스러워 한다. 상사에게 잘했다는 말을 들어야 안심이 되고, 공로를 인정받지 못하면 지나칠 정도로 불편해한다. 책임지지 않아도 되는 일까지 책임지면서 업무 관계를 유지하고, 때로는 다른 사람의 실수까지도 자신의 탓으로 인정해서 실수를 저지른 사람을 놀라게 한다. 책임을 지는 방식이 지나치게 가혹하고 자기비판적이어서 타인의 비판을 모면하기도 한다.

문제적 유형 대처법

이런 여러 유형의 동료나 상사와 함께 일하는 것은 매우 힘들고, 불편하고, 까다롭다. 업무 만족도는 대부분 함께 일하는 사람들과의 관계에 의해 결정된다. 만일 함께 일하는 이들이 이러한 유형에 속하거나 여러 유형이 뒤섞인 사람이라면 당연히 매우 어려운 상황에 부닥치게 될 것이다. 만일 이러한 유형에 속하는 사람과 함께 일해야 한다면 어떻게 해야 할까?

우선 명심해야 할 것은 문제를 해결하려고 접근하기 전에 먼저 깊이 생각해봐야 한다는 점이다. 기업 임원들을 코칭하다보면 이런 질문을 자주 받는다. "어떻게 하면 제가 세운 공로를 제대로 인정받을 수 있죠?", "어떻게 하면 상사나 동료가 제 아이디어를 가로채는 것을 막을 수 있죠?" 이런 문제에 확실한 방법이나 만병통치약은 없다. 어떤 방법에도 위험은 따른다. 가령 "남들 눈에 잘 띄는 역할을 맡으세요"라든가 "관계를 잘 구축해서 직속 상사 외의 다른 사람도 내가 무슨 일을 하는지 알 수 있게 하세요" 같은 제안들도 그렇다. 사내에서 관심을 많이 받게 되면 상사가 위협을 느끼고 경쟁 상대로 여기게 될 수도 있다. 대인 관계를 잘 구축하려다 사내 정치 싸움에 휘말리게 될지도 모른다. 내 경험으로는 어떤 행동을 하기보다는 차라리 아무런 대응도 하지 말라고 코칭하는 것이 훨씬 유익했다. 때로는 "정말 그렇게 하고 싶으세요?"라고 묻는 것만으로도 상당히 도움이 되었다. 특히 공과 평가에 지나치게 감정을 소모해서 충동적이고 무분별한 행동을 하게 될 때 도움이 되는 질문이었다.

잘못된 것을 바로잡으려고 하기 전에 먼저 내가 처한 상황을 객관적으로 바라보아야 한다. 내가 처한 상태가 상황을 바라보는 관점에 영향을 주지 않았는지 질문해보아야 한다. 역설적이지만 내가 처한 상황을 객관적으로 보려면 나에게 공과를 가르는 주관적인 견해가 없는지 파악하고 바로잡아야 한다. 한 가지 방법은 나를 괴롭혀 왔던 문제를 어떻게 풀어왔는지 살펴보고, 현재 자신과 상사, 동료, 팀, 조직과 비교해 공통점과 차이점이 무엇인지 생각해보는 것이다.

다음은 나를 돌아보는 데 도움이 될만한 질문들이다. "내가 이 상황을 편견 없이 보고 있을까?", "나를 이런 상황으로 몰고 온 것은 무엇일까?", "내가 지나치게 걱정해서 과민 반응하는 것은 아닐까?", "부당하게 평가받는 기분이 들긴 하지만, 이런 경험도 도움이 되지 않을까?"

사람 사이의 관계는 인간의 '특질'과 '상태'의 복잡한 상호작용에서 비롯한다. 상사가 나를 비난하는 이유는 상사가 비난을 입에 달고 다니는 사람이라서 일 수도 있고, 그날따라 일진이 나빠서일 수도 있다. 혹은 둘 다일 수도 있다. 내가 오늘 짜증이 나는 이유는 내가 과민해서일 수도 있고, 내 일진이 안 좋아서일 수도 있고, 둘 다일 수도 있다. 어떤 날에는 공로를 남에게 빼앗겨도 신경이 쓰이지 않는 반면, 어떤 날에는 불같이 화가 나기도 한다. 똑같은 지푸라기라도 언제 뽑느냐에 따라 집을 무너뜨릴 수도 있다. 한발 물러나서 가정을 세우고 시간을 두고 시험하는 것이 성급하게 판단을 내리고 행동하는 것보다 언제나 좋은 전략이다.

스트레스는 고려해야 할 중요한 요인이다. 심하게 스트레스를 받을 때는 당신에게 문제 유형의 속성이 나타나거나, 그렇게 보일 수 있다. 공과에 대한 평가는 주관적인 성격이 강하다. 당신이 좋은 의도를 가지고 공과를 평가한다고 해도 다른 사람은 당신의 평가에 문제가 있으며, 당신이 문제 유형에 속한다고 볼 수 있다. 따라서 피드백을 요청해 자신에 대해 깊이 생각해보고, 다른 사람이 나를 어떻게 인식하는지 파악하고 그 시선에 적응하려고 노력해야 한다.

먼저 너 자신을 알라

자신을 평가할 때, 타인을 평가할 때와 똑같은 기준과 규범을 적용하는 것이 중요하다. 자신의 강점과 약점을 아는 것은 엄청난 도움이 된다. 하지만 일반적으로, 특히 공과를 가를 때는 자신이 어떤 성격인지, 어떤 유형인지 깨닫기 쉽지 않다.

주위 사람을 통해 성격이 어떻게 행동에 영향을 미치는지 살펴보는 것이 자신의 성격을 파악하는 것보다 훨씬 쉽다. 주위 사람들이 자신의 기여는 과대평가하면서 주위 사람의 도움이나 환경의 덕은 과소평가하는 성향은 명확히 드러나며, 또한 인정은 과소평가하고 비난에 대해서는 과민하게 반응하는 모습도 쉽게 볼 수 있다. 친구나 소중한 동료가 공로를 제대로 인정받지 못하거나 비난받을 때, 필요 이상으로 예민하게 반응하고 방어적이 된다는 것을 이해할 수 있을 것이다. 친구가 상황을 잘못 이해한 것이 분명하거나, 혹은 상황을 제대로 이해했다 해도 이익과는 정반대로 행동하는 것을 목격한 경험도 있을 것이다. 사소한 실수를 정당화하기 위해 불필요한 행동을 할 때도 있고, 그만한 가치가 없는 일에 과도하게 반응할 때도 있다. 친구를 통해 사람이 남에게 받는 인정이나 비난에 얼마나 스트레스를 받는지, 악독한 상사나 문제 있는 팀에서 일하는 게 얼마나 상처받기 쉬운 일인지 분명하게 알 수 있다.

타인을 보듯 자신을 바라볼 수 있다면, 문제는 쉽게 해결된다. 공과의 역학 관계를 터득한 사람은 자신을 객관적으로, 정확하게, 집중해서 바라볼 수 있다. 자기 이해, 사려 깊게 사고하는 것, 안정감은 공과를 평가할 때 영향을 미치는 요소다.

하지만 자기 이해는 잘못 사용될 수도 있다. 자기 이해는 설명하기 위한 것이지 변명하기 위한 것이 아니다. 예를 들면 "직업적인 관계를 많이 형성하지 못했다고 제 자신을 비난할 수는 없어요. 저는 굉장히 내성적인 사람이거든요"라고 생각하는 것보다 "관계를 형성하는 일은 제게 무척 힘들지만 제게 맞는 전략을 찾아봐야겠어요"라고 생각하는 것이 훨씬 도움이 된다. "나는 충성형이라서 공로를 인정받기 바라지 않아"라고 생각하는 것은 도움이 되지 않는다. "내가 너무 겸손해서 앞에 잘 나서지 않는 것이 나 자신이나 팀에 문제가 될 수도 있어"라고 생각하는 것이 훨씬 유익하다.

동료나 상사, 혹은 자신이 어떤 유형인지 살필 때 명심해야 할 것은, 다른 사람의 공과에 대해 평가할 때는 남보다 많은 권한을 갖게 된다는 점이다. 따라서 문제 상황에 다르게 접근할 수 있는지 생각해본 다음, 다른 사람들에게도 다양한 방법으로 상황을 바라보라고 설득해야 한다.

물론 여러 가지 이유로 문제가 해결되지 않을 수도 있다. 로버트, 젠나, 카테리나의 이야기는 모두 해피 엔딩이지만 상사, 동료, 부하 직원 중에는 문제가 많아 대하기가 어렵거나 환경과 잘 어울리지 않는 사람도 있다. 다양한 고객을 코칭해 왔지만 그중에는 결국 상사와의 관계를 개선시키지 못해 전근을 가거나 사직한 경우도 있었다. 아무리 노력해도 변화가 없다면, 할 수 있는 일은 그곳을 떠나 다른 곳에 가서 재능과 능력을 발휘하는 것밖에 남지 않는다. 공과를 가릴 때 보이는 상사의 문제 행동은 사실 조직에 내재한 문제 때문일 수도 있고, 그것은 개인이 통제하거나 영향을 주기 어렵기 때문이다.

상사가 나를 과소평가한다는 확신이 들 때, 정당하게 인정받고 보상을 받으려면 그만두는 것밖에는 답이 없다는 결론을 내릴 수도 있다. 하지만 그러기 전에 진지하게, 넓은 관점으로, 조직 전체의 상황에서 공과의 역학 관계를 바라볼 필요가 있다. 나를 이렇게 대하는 것이 상사의 성격 때문이 아니며, 상사의 권한을 뛰어넘는 요인 때문이라고 생각하면 도움이 될 수도 있다. 상사는 단지 합리적이고 이기적인 사람일뿐, 정신이 이상한 사람은 아닐 수도 있다. 매일 반복되는 회사 생활에서 상사의 부당함에 대한 비난을 입에 달고 살기는 쉽지만, 이러한 자포자기의 느낌을 긍정적으로 이용할 수도 있다. 상사를 비난하기보다는 내게 상황을 방치한 책임, 되든 안 되든 주도적으로 상황을 개선하려고 노력하지 않은 책임이 있다고 생각하는 것이 더 긍정적이다. 혹은 이렇게 생각할 수도 있다. "이 일을 계기로 더 열심히 일하고, 공부하고, 조직 내에 정치적 기반도 쌓고, 다른 조직과도 관계를 형성하라는 신호로 받아들이자. 지금보다 인정받는다면 그건 내가 들인 노력과 결과는 물론 그 외의 영역에서도 성공했다는 뜻일 거야."

사람들은 시간이 흐름에 따라 공과 평가의 형태가 얼마나 바뀔 수 있는지 알면 놀란다. 때로는 회사를 그만두는 것이 영구적인 해결책일 수도 있다. 하지만 회사를 그만두는 것은 돌이킬 수 없는데 비해, 문제는 언젠가 해결된다. 유일한 해결책이 회사를 그만두는 것밖에 없는 불운한 상황이라도 배운다는 자세로 접근하고 자신을 알리려고 노력하는 것은 유익하다. 또한 미래에 비슷한 상황이 일어나면 훨씬 잘 대처할 수 있게 된다. 타인의 공과 평가 유형에 어떻게 반응해야 하는지 이해한다면 앞으로의 행보를 결정하는데 큰 도움이 될 것이다. 이 내용은 7장에서 상세하게 다룰 것이며, 유달리 까다로운 상사나 동료의 행동에 대처할 때 쓸만한 전략을 제시할 것이다.

앞에서 소개한 성격 유형에 대해 명심해야 할 것은, 상사나 동료가 이들 유형 중 하나 혹은 몇 가지에 완벽하게 들어맞는다고 해서 모든 비밀이 풀렸다고 생각해서는 안 된다는 점이다. 첫째, 내가 상사를 분류한 방식은 전적으로 내 경험과 시야에 기초한다. 다른 사람은 전혀 다른 방식으로 행동하는 상사를 경험했을 수도 있다. 둘째, 내가 분류한 상사의 유형에 주위 사람도 동의한다고 해도 상사의 행동이 다른 사람에게는 다른 의미일 수 있고, 그 영향의 세기도 다를 수 있다. 끝으로, 주위 사람들이 만장일치로 상사나 동료가 어떤 유형에 속한다고 동의해도 그들이 그렇게 행동하는 이유는 여전히 미스터리라는 것이다.

가장 유익한 전략은 배우려는 자세로 접근하는 것이다. 상사와 상황, 그리고 자기 자신에 대해 배우려고 해야 한다. 내가 제시한 성격 유형이 상사나 동료의 행동에 대해 생각해보는 틀이 되었으면 한다. 진정으로 그들이 그렇게 행동하는 이유를 알고 싶다면 그들의 사연을 알아야 하고 그들과 공감해야 하지만 말이다. 그들의 입장에서 생각해본다면 그들이 다르게 보일 수도 있고 그들이 나를 왜 그렇게 대하고 평가하는지, 왜 그런 행동을 하는지 다시 생각하게 될 수 있다. 남이, 그리고 내가 왜 그렇게 행동하는지 이해하는 것은 직장 생활 내내 해야 할 과제다.

인정과 비난에는 개인, 대인 관계, 사회적 심리가 대단히 복잡하게 얽혀 있다. 인간과 상황 사이의 관계를 밝히는 것은 어려운 일이다. 이번 장에서는 이런 문제의 '인간'적 측면을 다루면서, 성격 차원과 유형에 대해 살펴보았다. 다음 장에서는 다른 측면, 특히 공과를 평가할 때 정당하게 행동하지 않는 사람에게 환경이 미치는 영향에 대해 살펴볼 것이다.

4

비난 게임의
심리적
배경

우리는 보통 성격에 따라 행동이 달라진다고 생각하기 때문에, 상황이 행동에 미치는 영향을 간과하기 쉽다. 평소에는 서로 다르게 행동하던 사람들도 특정한 상황에서는, 이를테면 실수를 저질러 비난을 받을 때는 비슷하게 행동하기도 한다. 마찬가지로 같은 사람이 상황에 따라 다르게 행동하기도 한다. 집에서 하는 행동과 사무실에서 하는 행동이 다른 것처럼 말이다. 집에 있을 때나 친구와 있을 때는 전혀 남을 비난하지 않던 사람이 회사에서는 상사의 압력을 받아 마구 비난을 퍼붓는, 지독한 사람으로 변신하기도 한다. 우리는 사이가 좋은 사람이나, 좋은 기억이 남아 있는 동료에게는 도움을 주고 인정을 베풀지만, 이유가 어찌 되었건 우리를 괴롭혔거나 관계가 꼬인 사람에게는 끝까지 가혹하게 대하기도 한다. 혹은 '우리 편'인 사람에게는 놀라울 정도로 협조적이고 비난도 하지 않지만 다른 팀, 특히 우리와 문제가 있는 팀원에게는 곧바로 비난을 퍼붓기도 한다.

공로를 인정해주지 않으면서 지나치게 비난을 쏟아내는 직장에서 일한다면, 상황이 어디까지 영향을 미치는지 반드시 생각해야 한다. 개인적으로 위험을 피하기 위해서도 그렇지만, 다른 사람에게 좋은 동료나 상사가 되고자 한다면 반드시 이런 계산이 필요하다. 인간의 행동에는 개인의 자질 못지않게, 혹은 그 이상으로 상황이 중요한 역향을 미친다. 이 점을 깨닫는다면 직장을 선택하거나 현재 직장에서 비난을 줄이고 협력하는 분위기를 만드는 데 큰 도움을 받을 수 있을 것이다.

우리 행동에 영향을 주는 상황적 요인 중 일부는 아주 분명해서 손쉽게 알아볼 수 있다. 그렇지만 일상생활에서 항상 이 사실을 신경 쓰며 살기는 쉽지 않다. 다른 상황적 요인들은 잠재의식 안에 숨겨져 있어 알아내기가 매우 어렵다. 하지만 다행스러운 점은 우리가 앞으로 살펴볼 상황적 요인에는 부정적인 역학 관계를 긍정적으로 바꿀 방법이 존재한다는 것이다. '특질'을 바꾸기란 대단히 어려운 일이지만 '상태'를 바꾸기는 그보다 훨씬 쉽다.

비난하지 않으면 비난받는다

1950년, 뛰어난 수학자였던 앨버트 W. 터커Albert W. Tucker는 '죄수의 딜레마'라는 용어를 사용해서 인간이 상황에 따라 얼마나 행동이 극적으로 달라지는지 생생하게 묘사했다. 고전적인 형태의 죄수의 딜레마는 다음과 같이 전개된다.

친구와 내가 경찰에 체포되었다고 가정해보자. 하지만 경찰은 우리를 기소할만한 증거가 충분하지 않다. 우선 경찰은 친구와 나를 각자 다른 방에 가두어 서로 모습을 보거나 의사소통을 할 수 없게 했다. 그다음 각각의 방에 들어가 나와 친구에게 똑같은 제안을 했다. "친구에게 불리한 증언을 하면 풀어주겠네." 두 사람 모두 밀고자가 되길 거부하며 아무런 증언도 하지 않는다면 1년형을 받게 된다. 두 사람 모두 증언한다면 감옥에서 3년을 보내게 된다. 하지만 친구가 증언을 하고 나는 하지 않는다면, 나만 10년형을 받고 친구는 풀려날 것이다. 선택은 둘 중 하나다. 증언하거나 하지 않거나. 친구가 어떻게 하느냐에 따라 결과는 완전히 달라진다. 어떻게 해야 할까?[1]

우리는 종종 회사에서 죄수의 딜레마에 처한다. 특히 일이 잘못되어서 긴장감이 고조되었을 때 이와 비슷한 경험을 한다. 가령 누군가 큰 실수를 저질렀다고 하자. 상사는 내가 저지른 실수인지, 내 동료가 저지른 실수인지, 혹은 둘 모두의 잘못인지 알려고 할 것이다. 상사는 나와 내 동료를 사무실로 따로 불러 이야기를 나눈다. 이런 상황에서 동료에게 책임을 돌리는 것은 일종의 보상이다. 내게 돌아오는 처벌이 줄어들거나 처벌에서 완전히 벗어날 수 있기 때문이다.

고전적인 죄수의 딜레마 시나리오에서 친구를 고발하는 것을 '배신'이라고 부른다. 여기서 까다로운 점은 친구와 내가 모두 이기적으로 행동해 상대방을 배신한다면 친구와 내가 모두 침묵을 지켰을 때보다 결과가 나빠진다는 것이다. 반대로 두 사람에게 최적의 결과는 두 사람 모두 침묵을 지켜 서로에게 협조할 때다. 그러려면 반드시 상대방을 믿어야 한다. 하지만 감옥이 눈앞에 어른거리는 상황, 혹은 회사에서 문책이나 강등, 해고의 공포를 느끼는 상황에서 상대방을 믿기란 매우 어렵다. 다시 말하지만 두 사람이 가장 좋은 결과를 얻으려면 신뢰가 있어야 한다. 서로 비난하는 일이 많은 직장에서는 서로에 대한 믿음이 거의 없기 때문에 '상호 최적의 효용'을 얻기 어렵다.

물론, 죄수의 딜레마는 극단적인 시나리오다. 현실에서 누구의 책임인지 알기 위해 그런 절차에 의지하는 상사는 거의 없을 것이다. 하지만 신뢰가 있어야 협력이 가능하고 좋은 결과가 나온다는 점은 일상의 현장에서도 유효하다. 또한 상사가 늘 누구의 잘못인지 찾아다니며 처벌로만 직원을 관리한다면 배신의 문화가 생겨나 협력이 사라진다. 해결 방법이 없는 상황에서 다른 사람에게 책임을 돌리는 것이 유일한 방법으로 보일 수도 있다, 하지만 다른 방법도 있다는 사실을 염두에 두는 것이 도움이 될 것이다. 과감하게 자신의 잘못을 인정하는 것이다. 이 선택은 사실 굉장히 강력한 방법이며, 장기적으로 특히 그러하다. 그 이유는 신뢰가 없으면 사람들 사이에 비난이 생기지만, 비난을 감수하면 신뢰를 구축할 수 있기 때문이다.

이는 변형된 죄수의 딜레마로 입증되었다. 이 상황은 실제 사무실에서 자주 접하는 상황과 매우 유사하다. 변형된 죄수의 딜레마는 '반복하는 죄수의 딜레마'라고 부르며, 로버트 액설로드Robert Axelrod가 『협력의 진화The Evolution of Cooperation』에서 소개했다. 고전적인 죄수의 딜레마는 한 번에 끝났지만, 이 버전에서는 라운드를 거듭하며 진행되고, 매 라운드마다 이전 라운드에서의 결정에 대해 보상을 하거나 처벌할 수 있다.[2] 이런 게임에서 주로 사용되는 전략은 맞대응tit-for-tat인데, 상대방의 행동에 따라 배신이나 협력을 하는 전략이다. 예를 들어 상사가 사무실로 나를 불러 방금 전에 동료가 내 책임이라며 나를 비난했다고 말한다면 나도 그를 비난하는 것이다. 혹은 동료가 자신의 책임이라고 했다면 나도 내 책임이라고 하며 협력하는 것이다. 협력을 주고받을수록 나와 동료 사이에 신뢰가 커지게 된다.

1장에서 언급한 박쥐처럼, 우리는 동료가 과거에 어떻게 행동했는지를 바탕으로 얼마나 그 동료를 신뢰할 것인지, 어느 정도까지 협력할 것인지 결정한다. 액설로드는 이 게임을 오래 진행하면, 상대방이 어떻게 하든 늘 배신하는 탐욕스러운 전략은 도움이 되지 않는다는 것을 발견했다. 늘 상대방에게 협력하는 전략도 마찬가지로 좋은 결과가 나오지 못했는데, 탐욕스러운 상대에게 계속 이용당하기 때문이다. 좋은 결과를 얻은 이들은 상황에 따라 전략을 바꾸었던 사람들, 이를테면 협력하는 상대에게는 협력으로 보상해주었던 이들이다.

직장에서 무슨 일이 있을 때마다 누구의 잘못인지 가려야 한다면, 전략적으로 책임을 지는 것은 동료의 신뢰를 얻는다는 면에서 매우 효과적인 방법이다. 액설로드의 연구에서 특히 주목할 점은 게임 초반부터 협력하면, 게임 내내 서로 신뢰할 수 있는 기반이 형성된다는 것이다. 상대방이 배신할 가능성이 있는 상황에서도 초반에 자신을 희생하며 협력한 사람은 상황을 매우 유리하게 이끌어 갈 수 있었다.

내게 동료를 배신할 마음이 없고, 이기적인 행동을 할지라도 그것이 단기적이라는 것을 동료가 알게 된다면, 그 동료는 내게 협조적이 될 것이다. 조직 내에 이런 식으로 행동하는 사람이 많아진다면 장기적으로 신뢰가 커지고 협력이 원활하게 이루어져, 사람들은 서로 비난하는 대신 업무에 집중할 수 있게 된다. 다른 교훈도 있다. 만약 내가 조직의 리더라면, 구성원들에게 처음부터 서로 비난하는 조직이 아니라는 확신을 주는 것만으로도 신뢰와 협력의 분위기를 구축할 수 있다는 것이다.

왜 단체로 멍청해질까?

직장에는 서로 책임을 회피하고 남을 비난하게 만드는 강력한 상황적 요인이 존재한다. 유대와 사회적 역학 관계가 그것이다. 예를 들어, 한 부서나 팀이 집단적으로 방어적이 되거나 편견을 가지고 문제를 바라본다면, 건설적으로 자신의 성과를 비판하기보다는 서로 비난을 일삼는 현상이 나타날 수 있다. 이런 현상을 집단사고 groupthink라고 한다. 이 용어는 『조직인The Organization Man』의 저자인 윌리엄 화이트William H. Whyte가 1952년 『포천Fortune』에 쓴 글에서 처음 소개했고,[3] 심리학자 어빙 제니스Irving Janis가 대중화했다. 제니스는 역사적 사건에 집단사고가 어떤 영향을 끼쳤는지 연구했는데, 진주만 공격을 예측하지 못한 것, 워터게이트로 이어진 결정 등 여러 사건에서 생각이 비슷한 소규모 폐쇄 집단이 내린 오판이 재앙을 불러왔다.

제임스 서로위키James Surowiecki는 그의 저서 『대중의 지혜The Wisdom of Crowds』에서 다음과 같이 설명한다.

동질성이 강한 집단은 다양성이 강한 집단에 비해 더 쉽게 결집하며, 응집력이 높아질수록 외부 의견과 고립되고 집단에 의존하는 성향이 강해진다. 그 결과 집단의 판단이 옳을 수밖에 없다고 확신하게 된다. 제니스는 이러한 집단은 무오류의 환상, 자신들의 주장에 대해 있을 수 있는 반론에 대한 자기 합리화, 이견은 필요가 없다는 확신을 공유하게 된다고 지적했다.[4]

서로위키는 집단이 집단사고를 피하고 올바른 의사 결정을 내리려면, 집단 구성원들이 먼저 각자 독립적인 의견을 내놓아야 한다고 제안한다. 가장 좋은 결정은 다양한 의견을 가진 개인으로 구성된 집단에서 다양한 시각과 가능성을 고려할 때 나온다. 최적의 의사 결정에 도달하기 위해서는 다양한 개인의 관점을 모으고 결합해야 한다.

집단이 다양성과 탈중심화를 수용하지 못하면, '군중의 지혜'와 정반대의 집단사고가 나타날 수 있다. 컬럼비아 우주왕복선 사고(우주왕복선 컬럼비아호가 2003년 임무를 마치고 귀환하던 중 파괴되어 승무원 전원이 사망한 사고-옮긴이)는 나사NASA의 엄격한 위계질서 탓에 지위가 낮은 연구원의 의견이 충분히 반영되지 못해서 생긴 사고였다. 나사가 의사 결정 과정에 충분한 시간을 들여 대안을 고려했더라면 승무원들을 구할 수 있었을 것이다.

집단사고에서는 서로 합의(진짜 합의든, 겉보기에만 그럴듯한 합의든)를 독촉하고, 자기 검열을 하며, 예정된 행동에 반대할 생각을 하지 못하게 한다. 개인에게 집단사고가 미치는 영향은 엄청나다. 스위스모어대학교의 심리학자 솔로몬 애시Solomon Asch가 수행한 연구를 살펴보자. 애쉬는 여러 길이의 선을 보여주고 어느 선이 더 긴지 질문했다. 많은 사람이 다수의 바람잡이의 의견에 따라 실제로는 짧은 선을 더 길다고 대답했다.[5]

경영전문가 제리 하비Jerry B. Harvey는 '애빌린 패러독스Abilene Paradox'라고 부르는 이야기를 들려주며 집단사고를 설명했다.[6] 네 명의 가족이 어느 무더운 여름 날, 무엇을 할지 이야기를 나눈다. 그중 한 명이 몇 시간 떨어진 애빌린에 가자고 제안하자 모두 동의한다. 하지만 그날 저녁 애빌린에서 돌아올 때 즐거웠던 사람은 아무도 없었고, 처음부터 애빌린에 가고 싶었던 사람은 제안한 사람을 비롯해 아무도 없었다는 사실을 깨닫게 된다.

집단사고는 공과를 평가하는 문제에서 다른 팀의 공로를 가로 채거나, 다른 팀에게 방어적으로 굴며 상대를 가혹하게 비난하는 원인이 될 수 있다. 집단 구성원이 모두 편향된 사고를 하게 되면, 자신들이 틀릴 수 있다는 사실을 받아들이지 못하게 된다. 집단은 일종의 '성격'을 형성하고 키워나가며, 사람처럼 이기적인 성향과 사실 왜곡, 현실 거부 때문에 어려움을 겪는다. 집단은 어렵지 않게 다른 집단과 갈등을 겪고, 상대방을 집단사고에 빠트리기도 한다. 일단 집단사고가 한번 발생하면 비난의 악순환을 깨트리고 위협 경 직성 효과가 널리 퍼지지 않도록 하는 것은 굉장히 어렵다.

다음과 같은 시나리오를 상상해보라. 나는 유명한 회사의 경 영자로 채용되었는데, 획기적인 신상품을 개발해 새로운 시장을 개 척할 좋은 기회가 나타난다. 기회를 잡기 위해 영업부서와 상품개 발부서에게 긴밀하게 협조해달라고 요청한다. 유감스럽게도 일은 잘 풀리지 않았고, 회사의 생산성은 엄청나게 떨어졌다. 그러자 영 업부서와 상품개발부서는 서로에게 잘못을 돌리며 비난하기 시작 한다. 두 부서 사람들이 처음부터 특별히 친했던 것은 아니지만, 이 제는 복도에서 마주쳐도 외면하기 시작한다. 전체 회의에서도 부서 별로 따로 앉아 우리 편과 상대편을 가르는 꼴사나운 모습을 보인 다. 나는 화가 치밀어 오른다. 진상을 규명하려고 각 부서장을 따로 만나 점심을 먹는다. 부서장들은 자기 부서에는 잘못이 없고, 다른 부서에 잘못이 있다고 똑같이 말한다. "저들이 바라는 건 우리 부서의 문을 닫는 거예요. 품질에는 전혀 신경을 안 써요", "절대 우리 말을 듣지 않아요. 그저 자기들이 만들고 싶은 것을 만들 뿐이에요. 고객이 사고 싶은 게 아니라요."

카를로스 곤Carlos Ghosn이 1999년 닛산자동차의 경영 개선을 맡았을 때, 이와 매우 비슷한 시나리오가 그를 기다리고 있었다. 사내 분쟁이 만연했다. 단지 자동차가 잘 팔리지 않아서가 아니었다. 부서 간 갈등이 닛산자동차를 조각낼 것으로 보였다. "우리가 해결해야 할 조직 문화의 고질적인 문제는 책임을 인정하지 않으려는 조직의 무능력이었다." 곤은 2001년 『하버드비즈니스리뷰Harvard Business Review』에 기고한 글에서 이렇게 말했다. "우리에겐 비난의 문화가 있었다. 회사의 실적이 좋지 않으면, 항상 다른 사람의 탓을 했다. 영업부서는 생산기획부서 책임이라고 했고, 생산기획부서는 기술부서를, 기술부서는 재정부서의 책임으로 돌렸다. 도쿄 지사는 유럽 지사를 비난했고 유럽 지사는 도쿄 지사를 비난했다."[7]

곤이 묘사한 닛산자동차에서의 집단 사이의 갈등은 전 세계 기업에서 늘 일어나는 일이다. 집단의 구성원은 무심코 심리학자들이 궁극적 귀인 오류ultimate attribution error라고 부르는 덫에 걸려든다.[8] 행동의 원인을 집단의 특성에서 찾는 것을 말한다. 현대 미국의 직장에서는 문제가 발생했을 때, 그 원인을 노골적으로 특정 인종이나 민족, 세대, 종교, 성별에 속하는 구성원 때문이라고 몰아붙이지 않는다. 만약 누군가 공개적으로 그런 주장을 한다면, 임원이나 인사부서에서 곧 그런 차별에 대한 기업의 정책과 정부 규제, 문화적 규범을 상기시켜 줄 것이다. 하지만 누군가 다른 부서원을 공개적으로, 고정관념에 근거해서 비난한다면 임원이나 인사부서가 개입할 가능성은 낮다. 내 경험으로는 부서 간 경쟁은 인종주의나 외국인혐오증, 혹은 햇필드와 매코이 가문의 분쟁(남북전쟁 시기 햇필드 가문과 매코이 가문은 몇십 년에 걸쳐 반목하며 많은 피를 보았다―옮긴이)과 비슷해지기 쉽다.

햇필드 가문은 영업부서로, 매코이 가문은 상품개발부서로 생각해보자. 영업부서는 습관적으로 상품개발부서가 자신들이 원하는 것만 만들고 고객이 원하는 것에는 관심 없다고 생각한다. 상품개발부서는 영업부서가 물건을 많이 파는 데만 관심이 있지, 이윤이나 비용에는 신경 쓰지 않는다고 생각한다.

부서 간 갈등에 직접 휘말리지 않았을 때는 이런 식으로 사고하는 것이 얼마나 비생산적이고 위험한지 쉽게 파악한다. 하지만 집단이라는 눈가리개가 정말 위험한 이유는, 그런 눈가리개를 착용하고 있다는 사실조차 깨닫지 못하게 하기 때문이다. 이기적 편향은 집단적으로 작동할 때 더 위험하다. 심리학자 데이비드 데스테노David DeSteno는 『뉴욕타임스』에 기고한 글에서 이렇게 말했다. "누구든 '우리 편'이면 도덕적 위반은 용서받는다. 어떤 형태든 집단의 단결이 중요하다는 이유로 도덕적 관용의 범위는 확장된다. …… 누군가에겐 애국자가 다른 사람에겐 테러리스트가 된다."[9]

사람들은 같은 집단에 소속된 구성원이 저지른 잘못에 대해서는 그냥 넘어가지만, 다른 집단의 구성원이 문제를 일으키면 눈에 불을 켜고 달려든다. 심리학자인 앨버트 하스토프Albert Hastorf와 해들리 캔트릴Hadley Cantril은 1954년 한 실험에서 프린스턴대학교와 다트머스대학교 사이에 벌어졌던 미식축구 경기 영상을 양쪽 학교 학생들에게 보여주고 반칙의 숫자와 벌칙을 받을 행동의 숫자를 세도록 했다. 결과, 프린스턴대학교 학생들은 다트머스대학교 선수들이 더 많이 반칙을 했다고 답했고, 다트머스대학교 학생들은 프린스턴대학교 선수들이 더 거칠게 경기를 했다고 답했다. 연구원들은 다음과 같이 결론을 내렸다. "사람들이 그저 '바라만 보는', 나와 무관하게 독립적으로 벌어지는 '게임'이란 없다.…… '그것'은 사람들마다 모두 다르다. '그것'이 미식축구 경기이건, 대통령 선거이건, 공산주의이건, 시금치이건 마찬가지다."[10]

집단사고와 집단 사이의 경쟁에 숨겨진 중요한 역학 관계를 밝힌 다른 연구도 있다. 오클라호마대학교의 무자퍼 셰리프Muzafer Sherif가 수행한 이 연구는 로버스 동굴 실험Robber's Cave Experiment으로 널리 알려졌다.[11] 셰리프는 오클라호마 로버스동굴주립공원 주변에 사는 건강한 12세 소년 24명을 선발했다. 소년들을 무작위로 두 집단으로 나누고 두 팀 사이에 경쟁을 시키고, 이를 관찰했다. 얼마 지나지 않아 양 팀은 방울뱀족과 독수리족이라고 이름을 지어 붙였고, 경기할 때 서로 놀리기 시작했을 뿐만 아니라, 상대방의 캠프를 습격해 약탈하고 깃발을 불태우기까지 했다. 마치『파리대왕 Lord of the Flies』이나 〈웨스트 사이드 스토리West Side Story〉를 연상시키는 실험이었다.

비즈니스 현장에서도 종종 집단은 비생산적인 유혹에 넘어가 이분법적인 논리로 내 편 네 편을 가르고, 공로를 가로채며 책임을 회피하고 남을 비난한다.

기업의 파탄을 불러온 패싸움

AOL(아메리카 온라인)과 타임 워너의 기업합병을 생각해보자. 미국 경제사 최대의 기업합병이자, 역사상 최악의 재앙으로 기록된 사건이다. 2000년 1월 10일 거래가 마무리되었을 때 기업 가치가 3,500억 달러에 달해 세상을 깜짝 놀라게 했다.[12] 단지 거래 규모가 커서가 아니라 합병 기업들의 면면도 놀라웠다. AOL은 당시 급부상한 인터넷 서비스 공급자로 2,700만 명의 성인과 청소년 등 당시 인터넷에 접속하던 사람 중 40퍼센트에게 인터넷을 서핑하고 이메일을 확인할 수 있도록 인터넷 서비스를 제공했다. 타임 워너는 미디어 업계의 대형 원로 기업이었다. 타임 워너는 방대한 엔터테인먼트 라이브러리(여러 음반 레이블을 비롯해 TV 및 영화 제작사, 방송국, 출판사 등)를 AOL의 인터넷 보급망과 결합하려고 했다. 이는 꿈의 조합이었다. 적어도 이론적으로는 그랬다. 하지만 합병된 지 10년 후 두 기업은 차이를 극복하지 못하고 다시 분리되고 말았다. 합병으로 두 기업의 상황은 악화되었다. 2010년 1월 10일 두 기업의 가치를 더했더니 합병을 발표했을 때 두 기업의 가치의 7분의 1에 불과했다. 이는 기업의 가치가 10년 전보다 86퍼센트 줄어들었다는 의미다. 실제로 2003년까지 기업의 최대주주였던 테드 터너 부회장의 지분은 80억 달러(80퍼센트)가 하락했고, 터너 부회장은 결국 넌더리를 내며 회사를 그만두었다.[13]

무엇이 잘못이었는지 이유를 찾으려는 사례연구는 충분히 있었다. 책임을 져야할 사람은 합병을 이끌었던 AOL의 스티브 케이스와 타임 워너의 제럴드 레빈을 비롯해 불화를 일으켰던 두 기업의 임원들이었다. 실패의 이유를 찾아본다면, 타임 워너가 소유한 콘텐츠의 가치를 AOL의 온라인 채널을 이용해 극대화하는데 실패했고, 인터넷 기업의 거품이 빠진데다, 인터넷망이 발전해서 AOL의 전화망 접속 기술이 급속도로 낡은 기술이 된 것 등을 들 수 있다. 한 가지 더 추가하자면 두 기업의 문화가 처음부터 어울리지 않았다. AOL 직원들은 타임 워너 직원들과 영역 다툼을 벌인 것으로 보인다. 『뉴욕 타임스』의 한 기사에서 이런 글을 볼 수 있었다. "양쪽 모두 서로 몹시 싫어했다." 양측 임원들의 말(나중에야 이 말이 합병이 어떤 식으로 진행되었는지 반영하고 있다는 것을 알게 되었지만)은 이 말을 뒷받침하는 듯하다. 합병 당시 타임 워너의 회장이었던 리처드 D. 파슨스는 이렇게 말했다. "임원 회의에서 합병을 승인할 때 했던 말이 기억납니다. 문화가 서로 너무 달라서 앞으로는 많이 달라지겠다고 했었죠. 하지만 제가 생각한 것보다 훨씬 달랐어요." 당시 버지니아주 둘레스에 있었던 AOL 사업부 부사장이었던 테드 레온시스는 다음과 같이 말했다. "그 사람들이 우리에게 보여준 보도 자료를 보면 AOL이 핵심 사업이라고 나오더군요. 저는 생각했죠. '글쎄, 우리가 핵심 사업이라면 왜 이곳의 주요 인물들이 뉴욕에 있는 타임 워너로 가는 거지?'"[14]

문화적인 요소가 합병 문제라는 요리의 재료였다면, 이후 이야기가 전개되는 방식은 재앙을 만드는 레시피였다. 합병으로 잠재력이 발휘되지 못하고 실패가 이어지자 두 기업 출신 임원들은 상대를 비난하기 시작했고, 비난과 맞비난의 비생산적인 악순환에 빠지고 말았다. 상대를 비난하는 데 집중하다보니 서로 도와 창의력을 발휘할 환경이 조성되지 못했다. 양쪽 기업 출신 직원들은 집단 사이 부정적인 역학 관계의 피해자가 되어 '우리'와 '그들'로 나뉘어 대립하기 시작했다. 바로 그 순간이야말로 협력과 협동이 필요한 때였다.

하지만 모든 집단이 그런 부정적인 운명을 맞이하는 것은 아니다. 그리고 이미 사이가 벌어진 집단도 다시 화합할 수 있다. 관계가 틀어져버린 집단의 재결합을 위한 효과적인 전략은 셰리프의 로버스 동굴 실험에서 찾아볼 수 있다. 셰리프는 소년들이 어떻게 갈등에 빠지는지 궁금했던 것만큼, 서로 적대적인 두 집단을 다시 하나로 합칠 수 있는 방법도 찾고자 했다. 셰리프는 며칠 동안 방울뱀족과 독수리족이 벌이는 전투를 관찰한 후, 두 집단의 화해를 위해 몇 가지 방법을 동원했다. 두 집단 소년들을 함께 영화를 보게 하거나 불꽃놀이를 하게 해서 친해지게 하려는 시도는 실패했지만, 외부의 '적'을 투입하자 두 집단은 서로 힘을 합쳤다.

연구자들은 두 캠프에 신선한 물을 공급하는 수로를 끊고, 반달족의 짓이라고 말했다. 두 집단에 공통의 임무, 즉 끊긴 수로를 다시 연결하는 임무가 생기자 소년들은 금세 하나가 되었다. 수로가 다시 연결되자, 두 집단은 처음으로 서로에게 예의를 갖추기까지 했다. 계속 둘로 나뉘어 싸움을 벌여왔음에도, 물 공급이 끊기는 위기와 몇 가지 유사한 과제를 함께 해결하자 소년들은 매우 가까운 사이가 되었다. 실험을 마치고 집으로 가는 길에는 모두 같은 버스를 타고 가겠다고 할 정도였다. 방울뱀족과 독수리족은 사이좋게 나란히 앉아서 집으로 향했다. 공통의 목표는 '우리'와 '그들'로 대립하는 사고방식을 '우리'로 통합하는 효과적인 방법이다.

한 집단이 아니라 전체 집단을 이롭게 하는 '상위의 목표'를 설정하는 것은 서로 싸우는 소년들뿐만 아니라 기업에도 효과적인 전략이 될 수 있다. 이를테면 곤이 부임한 뒤 닛산자동차에서 일어났던 일처럼 말이다. 곤은 닛산자동차를 개혁하는 데 성공했다. 닛산자동차에서는 더 좋은 차가 나오기 시작했고, 조직은 효율적으로 운영되었다. 수백만 달러의 적자를 내는 기업에서 수십억 달러를 벌어들이는 회사로 탈바꿈했다. 이러한 성공은 전통적인 기업 위계질서를 타파하고 부서와 직종을 초월한 매트릭스 조직으로 재편해 전에는 존재하지 않았던 다양성과 직원들 사이에 협력 관계를 전사적으로 구축한 곤의 용기와 도전 덕분이었다. 당시 일본 기업으로서는 대담한 시도였다. 곤은 각자 다른 부서, 특히 과거 서로 비난하던 부서의 직원으로 팀 11개를 만들어 공통의 업무 목표, 이를테면 자재비를 20퍼센트 줄이라는 목표를 제시했다. 이런 식으로 전체 조직에 상위 목표를 설정하고, 집단 구성원들에게 개인적 책임과 아울러 집단에 대한 책임도 부여했다. 걸핏하면 다른 부서를 비난하던 직원들은 같은 팀을 이뤄 공동의 목표를 달성해야 했다. 그 결과 비난하는 데 시간과 에너지를 쓰며 헛수고하지 않고 일에 집중하게 되었다.

물론 집단 간 갈등과 궁극적 귀인 오류의 강력한 영향력을 극복하는 것은 간단한 일이 아니다. 대개 엄청난 노력과 함께 반복되는 시도와 실수가 뒤따른다. 이런 문제를 극복하는 방법을 설명하기 위해 다음 사례연구를 살펴보자. 내 이전 고객(스프리츠 화장품이라고 부르기로 하자)은 유명한 브랜드를 구축해 성공을 거두었다. 회사가 성장할 때는 능력 있는 임원을 끌어오고 고용을 유지하기가 쉬웠다. 특히 마케팅부서는 성장의 주요 동력으로 인정받고 있었기 때문에 임원을 채용하기가 쉬웠다. 하지만 회사가 성장을 멈추고 정체기에 접어들자, 능력 있는 마케팅 임원을 채용하거나 유지하기가 어려워졌다. 마케팅부서와 인사부서 사이에 불화가 생기기 시작했다.

부서 간 소통과 협력 관계가 완전히 무너졌다. 마케팅부서에는 빈자리가 많이 생겼고, 경영진은 채용을 재촉했다. 사장은 새로운 계획을 실행하려면 빈자리가 모두 채워져야 한다고 말하며 이렇게 물었다. "좋은 사람 찾기가 그렇게 어려운가요?" 마케팅부서는 인사부서가 자격을 갖춘 후보자를 충분히 찾아내지 못한다고 주장했다. 설상가상으로 그나마 소수의 후보자들도 면접이 끝나고 몇 주가 지나도록 아무런 연락이 없었다. 한편 인사부서는 채용하려는 직원의 업무에 대해서 제대로 설명을 듣지 못했고 면접을 본 사람에 대해 의견을 제시할 시간도 충분히 주지 않았다며 마케팅부서를 비난했다. 흥미롭게도 충원이 된 몇몇 경우에 대해서는 두 부서가 서로 자신의 공로라고 우겼다. 마케팅부서 담당자는 인사부서의 채용 과정이 아닌 개인적인 인맥을 동원해 후보자를 찾았다고 말했다. 인사부서는 인터넷 구인 검색을 통해 후보자를 찾았다고 말했는데, 그 이유는 마케팅부서에서 아무런 단서도 주지 않았기 때문이라고 했다.

스프리츠 화장품에서, 인사부서는 마케팅부서보다 재무부서와 더 좋은 관계를 유지하고 있었다. 인사부서 사람들과 재무부서 사람들은 대부분 서로를 배려하고 존중했다. 이런 좋은 감정(심리학자들은 긍정성positivity이라고 부른다)은 두 부서의 리더들이 좋은 관계를 유지하기 때문에 생길 수도 있고, 이전에 협력했던 경험 때문에 생길 수도 있다.

인사부서와 재무부서 사이의 좋은 경험과 인사부서와 마케팅부서 사이의 안 좋았던 경험은, 똑같은 행동을 했을 때 그 사람이 어느 부서인가에 따라 다르게 평가하게 만든다. 이를테면 재부무서 사람이 면접 후에 후보자에 대한 의견을 보내주지 않는다면, 인사부서 사람은 재무부서 사람이 바빠서 그런 것이라 생각하고 메모해두었다가 나중에 의견을 물어볼 것이다. 하지만 마케팅부서 사람이

면접 후 의견을 보내주지 않으면 '무시하려는 의도'가 있다고 생각하고, 의견을 보내주지 않으면 규칙상 다음 후보자 면접 일정이 늦어질 수밖에 없다고 경고하는 이메일을 보낼 것이다. 마케팅부서 사람은 이런 경고성 이메일을 제대로 이해하지 못하고, 면접 평가 의견을 주는 것을 꺼리게 된다. 이렇게 되면 인사부서 입장에서는 마케팅부서의 의견을 받는 것은 일반적인 일이라기보다는 예외적인 일이 된다. 반대로 재무부서 관리자는 일반적으로 면접 후 의견을 보내주기 때문에, 인사부서는 재무부서를 바람직한 조직으로 인정하게 된다.

스프리츠 화장품을 컨설팅하면서, 나는 그들을 도와 채용 과정의 절차도process map를 만들었다. 이를 이용하면 인사부서는 여러 직무의 현황(이를테면 '충원 필요' 등)을 도표로 만들어 쉽게 관리하고 파악할 수 있다. 처음에는 인사부서가 이 아이디어에 대해 반발했다. 마케팅부서가 이런 기록을 공격의 빌미로 이용하거나, 업무에 대해 좋지 않은 소리를 하지 않을까 걱정했기 때문이었다. 다른 기업에서도 사람들은 책임 전가와 과정의 모호함을 불평하면서도 기록과 과정의 투명성에도 저항한다. 하지만 인사부서장은 도표로 관리하면 마케팅부서에도 책임이 생긴다는 것을 깨달았다. 왜냐하면 마케팅부서가 인사부서에서 준비한 후보자에 대한 면접 의견을 주었는지도 기록에 남기 때문이었다. 시스템이 투명해지자 두 부서는 정보를 제공하기로 합의했고, 이는 실력 있는 후보자들을 모집하는 데 도움이 되었다. 그리고 이를 시작으로 두 부서는 채용 및 다른 건에도 광범위하게 협력하게 되었다.

'상위 목표'를 설정하면 부서 간 갈등을 줄이는 데 큰 도움이 되지만, 늘 성공하는 것은 아니다. 스프리츠 화장품의 경우에 인사부서와 마케팅부서의 공동 목표는 실력 있는 후보자를 데려와서 채용하고, 고용을 유지하는 것이었다. 하지만 서로 힘을 합쳐야 한다는 점이 빠져 있었다. 공동 책임은, 카를로스 곤이 닛산자동차에서 직무를 초월한 팀을 조직한 것으로 효과를 보았듯이, 협력의 기폭제가 될 수 있다. 분쟁을 벌이는 부서의 부서장들보다 직급이 높은 관리자는 이렇게 말할 수 있게 될 것이다. "마케팅부서와 인사부서는 서로 잘잘못을 가리는 데 시간을 쓰기보다 필요한 인재를 빨리 충원할 수 있도록 책임지고 채용 과정을 개선하시오." 리더가 일하는 환경을 변화시키면, 기업 전반을 위협하는 악순환을 끝내고 반전을 끌어낼 수 있다.

말하는 대로 될 것이니

공과의 역학 관계와 직장에서의 행동 외에 업무 능률에 막대한 영향을 주는 또 다른 상황적 요인으로는 다른 사람이 우리에게 거는 기대감이 있다. 주위 사람에게 자신이 진실이라고 믿는 것을 투사하는 일은 흔하고, 우리는 그에 따라 행동하게 된다. 이런 것을 자기충족적 예언이라고 한다.

자기충족적 예언의 고전적인 예로는 피그말리온의 이야기가 있다. 오비디우스의 『변신이야기Metamorphoses』에 나오는 피그말리온은 상아로 이상적인 여인을 조각했다. 그리고 자기가 조각한 여인에게 매혹되어, 비너스에게 조각에 생명을 불어넣어달라고 간청하기에 이른다. 비너스는 승낙하고, 둘은 영원히 행복하게 산다.

심리학자들은 타인이 자신에게 거는 기대를 충족하거나, 기대에 못 미치게 행동하는 현상을 피그말리온 효과pygmalion effect라고 부른다. 로버트 로즌솔Robert Rosenthal과 레노어 제이컵슨Lenore Jacobson은 1968년 이 현상을 다룬 중요한 저작을 발표했다.[15] 이들은 초등학생을 대상으로 한 실험에서 교사들에게 일부 학생이 재능이 특출하고 총명하다고 말해주도록 시켰다. 이 학생들은 실제 능력과는 무관하게 무작위로 선택된 아이들이었다. 하지만 교사의 긍정적인 기대감을 받은 아이들은 공부를 열심히 했고, 시험에서도 높은 점수를 받았다. 로즌솔과 제이컵슨은 교사들이 어떤 학생에게 재능이 있다고 생각하면, 더 관심을 기울이고 지원을 하게 되어 그 학생에게 재능이 있다는 예언이 실현된다는 사실을 발견했다. 그 반대 역시 마찬가지였다. 어떤 학생을 학업성취도가 낮은 아이로 지정하면 실제로 시험 성적이 낮게 나왔다. 물론 무작위로 선택한 것이고, 이전 성적을 보면 꽤 재능 있는 학생이었음에도 말이다.

직장에서도, 공로나 비난에 대한 기대감은 실제 업무에 매우 강력한 영향을 미친다. 솔 캐신Saul Kassin과 스티브 페인Steve Fein, 헤이즐 로즈 마커스Hazel Rose Markus의 연구에 따르면, 이 영향력은 3단계에 걸쳐 나타난다.[16] 먼저, 인지자가 인상을 설정한다. 예를 들면

"이 사람은 게으르고 의욕이 없구나"라는 식이다. 그다음 인지자는 자신이 인지한 내용에 부합하게 그 사람을 대한다. "이 사람에게는 추가 업무를 주지 말아야겠어. 하려고 하지 않을 테니까." 그 사람은 자신도 모르는 사이 인지자가 기대한 대로 행동하게 된다. "모두들 부탁도 하기 전에 내가 추가 업무를 할 의사나 의욕도 없을 거라고 생각해. 내가 추가 업무를 한다고 해도 그런 인식을 바꿀 수는 없을 거야." 이런 과정은 긍정적 측면과 부정적 측면 모두에 영향을 미친다.

상사가 당신을 업무에 서툴고 실수를 자주 저지르는 사람으로 점찍었다면, 당신은 점점 방어적이 되고 남의 시선을 의식하게 되어 실수를 더 많이 저지르게 될 것이다. 그렇게 되면 상사는 자기 판단이 옳았다고 확신하게 된다. 반대로 상사가 당신을 총애한다면 일을 더 잘하게 될 뿐만 아니라 기대하지 않았던 인정도 받을 수 있다. 점차 직장의 슈퍼스타로서 이미지를 충족하게 될 것이다. 실제로 그만한 자격이 있는지는 별로 상관이 없다. 하지만 유감스럽게도 이런 상승의 선순환보다는, 하락의 악순환이 훨씬 많이 발생한다.

프랑스 인시아드INSEAD의 교수인 장 프랑수아 만초니Jean-François Manzoni와 장 루이 바르수Jean-Louis Barsoux는 이와 동일한 역학 관계가 상사와 부하 직원 사이에 존재한다는 것을 발견하고 필패 신드롬Set Up to Fail Syndrome이라고 명명했다. 필패 신드롬은 이 주제를 다룬 그들의 저서 『확신의 덫』의 원제목이기도 하다. 만초니와 바르수는 저서에서 이렇게 설명한다.

업무 실적이 형편없는 직원을 둔 상사는 그 직원이 하는 일에 많은 관심을 쏟는다. 자유를 박탈당한 직원은 화가 나고 무시당한 기분이 들기 시작하고, 꼭 필요한 일이 아니면 상사와 접촉하지 않게 된다. 상사는 부하 직원이 움츠러든 모습을 보고는 업무 능력이 정말 부족하다고 확신하고, 직원의 일에 사사건건 관여하기 시작한다. 점차 부하 직원은 자신의 능력에 의심을 품기 시작한다. 이런 악순환은 완벽한 능력을 갖춘 한 직원이 회사에 크게 기여하고 싶은 꿈을 포기할 때까지 계속된다. 이 직원은 패배할 준비를 성공적으로 마쳤다.[17]

한번은 이런 관계 때문에 고생하는 고객을 도와준 적이 있었다. 인터넷 스타트업 기업의 최고기술책임자였는데, 팀원들과 일하는 방법을 찾기 위해 나를 찾아왔다. 그의 동료와 팀원을 만나 이야기를 나누면서 얻은 자료를 그에게 보여주자, 그는 자신이 충분히 정보를 모으기 전부터 유능한 사람과 무능한 사람으로 분류하는 경향이 있다는 사실을 깨달았다. 무능한 사람으로 분류된 직원들은 자신이 신뢰받지 못한다는 느낌을 받게 되고, 업무에 기여하는 바를 제대로 평가받지 못한다고 생각하며, 이런 부정적인 의견을 바꿀 수 없을 것이라고 확신하게 된다. 결국 그 직원들은 자신감과 의욕을 잃고, 업무 실적도 떨어졌다.

나는 그 고객에게 '능력 있는' 직원으로 분류한 사람들의 단점과 '잉여' 직원으로 분류한 사람들의 장점에 대해 질문했다. 그는 자신이 성급하게 판단을 내릴 뿐만 아니라 그 판단이 자기충족을 하는 경향이 있다는 것을 깨달았다. 그는 상담 후에 섣불리 판단을 내리지 않고 구체적이고 생산적인 의견을 전달하기 시작했다. 직원들은 더 이상 불신과 능률 저하의 악순환에 빠지지 않았기 때문에, 비난보다 칭찬에 집중할 수 있었고, 자신감이 붙은 직원들은 업무 능력을 끌어올릴 수 있었다.

답은 이미 정해져 있다

자기충족적 예언을 더 복잡하게 만드는 것은, 기대감이 상호 간에 형성된다는 점이다. 기대감은 서로의 행동에 영향을 미치고 결국 자기충족적 예언이 이루어진다.

멜러니 클라인Melanie Klein이 투사적 동일시projective identification 라고 명명한 정신분석학 개념이 이해에 도움을 줄 것이다.[18] 먼저 두 사람이 무의식적으로 자신의 속성을 상대에게 투사한다. 이들은 투사한 내용에 따라서 상대에게 행동한다. 그리고 두 사람은 각자 상대방에게 동일시하고 서로에게 투사한 것들과 관계를 맺는다.[19]

예를 들면, 한 부하 직원이 상사에게 친절하고 협조적인 상사라는 성격을 투사했다고 하자. 상사는 이러한 투사를 감지하고 그렇게 행동하기 시작할 것이다. 어느 순간 그 상사는 친절하고 협조적인 상사가 되어 있다. 이러한 속성은 상사가 '자신이 되고 싶은' 자신에 대한 관점이다. 마치 부하 직원이 영화를 만들었는데, 상사가 이를 보면서 영화 속 상사 역할로 나오는 인물이 자신을 정확히 묘사했다고 생각하는 것과 같은 상황이다. 부하 직원은 상사가 자신이 되고 싶은 모습을 확인하고 자신의 정체성을 입증하도록 도와준 것이다. 상사가 긍정적으로 투사된 이미지에 자신을 동일시하고 그렇게 되기를 바랐기 때문에, 상사는 시간이 흐를수록 더욱 친절하고 협조적이 될 것이다. 또한 상사가 부하 직원을 충성스럽고 의욕 넘치는 사람이라고 여긴다면, 이번에는 부하 직원이 그러한 긍정적인 투사에 동일시하고, 그 이미지를 충족시키기 위해 노력할 것이다.

유감스럽게도 투사와 동일시가 언제나 긍정적인 것은 아니다. 부하 직원은 상사를 제멋대로에 끔찍한 인간이라고 여길 수 있고, 상사는 이런 부정적인 투사를 알아차릴 수 있다. 모욕감을 느낀 상사는 부정적인 투사에 동일시해, 화를 내고 상처를 주며 적대적으로 굴게 될 수 있다. 자기도 모르는 새에 부하 직원의 사이코드라마에 등장하는 악마가 되어버리는 것이다. 상사는 부하 직원을 배은망덕하고 게으른 인간으로 여기게 될 확률이 높고, 부하 직원은 이에 반응해 더 배은망덕하고 게으르게 행동할 수 있다. 다행스럽게도 상황이 이렇게 악화되기 전에 중재하는 것이 가능하다.

추락이 예정된 비난의 줄타기

내가 함께했던 곡예사 로라와 앤절라의 이야기는, 어떻게 투사적 동일시의 위험에서 빠져나올 수 있는지에 대한 좋은 사례다. 이들과 나의 이야기는 PBS의 3부작 프로그램 〈감정과 삶This emotional life〉의 첫 번째 에피소드에 소개되었다.[20]

로라와 앤절러가 나를 찾아오게 된 것은 비극적인 한 사건 때문이었다. 그들은 10년 넘도록 함께 공연을 해온 베테랑이었다. 그날 공연은 이렇게 진행되었다. 조명이 어두워지자 관객들은 숨을 죽였고, 한 줄기 조명을 받은 은빛 줄이 천장에서 내려왔다. 어둠 속에서 나타난 로라와 앤절라는 무대 가운데로 나아가 눈 깜짝할 사이에 줄을 타고 올라갔다. 둘은 줄에 매달려 땅에서 10여 미터 떨어진 공중에서 연속으로 점프하고 회전하는 화려한 곡예를 보여주었다. 로라와 앤절라는 서로 엇갈려 회전하고, 이어 공중으로 도약한 뒤 상대의 팔을 잡았다가 다시 줄을 잡는 묘기를 선보일 예정이었다. 이 화려한 기술은 최근 앤절라가 고안한 것으로, 성공하기만 하면 그들의 공연은 새로운 경지에 이를 것이었다. 하지만 회전 방향이 어긋나면서 로라는 손을 놓쳐 바닥에 떨어지고 말았다. 관객의 환호성은 순식간에 공포로 뒤바뀌었다.

로라는 팔과 다리가 부러져 병상에 누워 있으면서, 자기도 모르게 앤절라에게 화를 내고 그녀 탓을 하고 있었다. "왜 우리 공연에 변화가 필요하지? 우리는 이제까지 잘해왔잖아." 로라 생각에 자기가 다친 것은 앤절라의 잘못 때문이었다. 앤절라는 그동안 둘이 거둔 성공을 인정하지 않았기 때문에, 새로운 것을 시도하려 한 것처럼 느껴졌다. 로라는 새로운 기술 개발보다 금전 문제에 관심이 있는 새로운 파트너를 찾아보는 것이 좋지 않을까 고민했다.

한편 앤절라는 로라가 병원에 있는 내내 눈물을 흘리며 자책감에 괴로워했다. 그러면서도 은근히 화가 났다. 앤절라는 현재 자신들의 공연 레퍼토리에 싫증이 났고, 새로운 것에 도전해야 할 때라고 생각했다. 특히 새로 추가한 기술에 기대가 커서 공연 프로그램에 넣자고 고집을 피웠다. 몇 시간 정도 연습하며 성공적으로 기술을 익혔기 때문에 실패하리라고는 생각하지 못했다. 그 동작들을 성공했다면 그들은 〈태양의 서커스〉 같은 수준의 공연팀으로 한 단계 성장할 수 있었다. "로라는 한 번도 독창적인 공연을 만들려고 애쓴 내 노력을 인정한 적이 없어요." 앤절라는 불만을 터뜨렸다. 이제는 함께 공연하는 것은 고사하고, 로라의 얼굴이나 제대로 볼 수 있을지 걱정이 들었다. 그와 동시에 궁금증이 들었다. "왜 중요한 순간에 점프를 제대로 하지 못했을까?" 로라는 화를 내고, 자신을 방어하며 앤절라를 비난했다. 두 동업자는 비난을 주고받으며 서로에게 상처와 고통을 남겼다.

이들을 지배한 역학 관계는 이러하다. 앤절라는 로라에게 '불도저', 즉 새로운 시도보다는 기존의 레퍼토리를 고수하는 것을 밀어붙이며 자신의 의견을 무시하는 불도저의 이미지를 투사했다. 로라는 무의식적으로 자신이 그렇게 비춰지고 있다는 사실을 느끼고 더욱 단호하고 강경하게 굴었다. 로라는 앤절라가 경제적으로 부족함이 없고, 비즈니스를 기획하고 실천하는 데 능숙하지 못하다고 여기게 되었다. 앤절라는 비즈니스 감각이 없다고 자책하기 시작했고, 그런 문제를 접할 때마다 점점 불안해하고 힘겨워했다. 두 사람은 서로 부정적인 이미지를 투사했고, 결과적으로 둘 사이의 긴장감은 높아지고 소통과 협력은 줄어들었다.

이러한 투사적 동일시의 악순환을 깨트리기란 매우 어려운 일이지만, 다행히 로라와 앤절라의 이야기는 행복하게 끝났다. 내가한 일은 그들의 관계에서 '전환점'이 되었던 지점으로 돌아가, 서로다른 능력이 동업자 관계를 유지하는 데 도움이 되었다는 사실을상기하도록 도와준 것이다. 잠시 역할을 바꿔 앤절라가 비즈니스관련 일을 처리하게 하고 로라에게는 창의력을 요하는 공연 프로그램을 짜도록 제안했다. 로라와 앤절라는 상대방에게 나와 다른 재능이 있으며, 그 재능을 그동안 인정하지 않았다는 사실을 곧바로깨달았다. 로라는 관리와 홍보에 재능이 있어 관객을 불러 모았고,앤절라는 열정과 창의력으로 새로운 곡예를 개발해 관객의 탄성을이끌어냈다. 그들은 로라의 사고로 어려움을 겪었지만, 서로 의견을 나누면서 관계를 회복할 수 있었다.

직장 내 관계 문제가 생겼을 때, 문제를 해결하기 위해 직접 개입하고 싶은 경우가 많겠지만 때로는 직접적인 접근보다는, 환경에작은 변화를 일으키는 것이 도움이 된다. 로라와 앤절라는 한 번뿐이었지만 상대의 역할을 직접 해본 후, 관계를 긍정적으로 바꿀 수있었다. 사람 사이의 분쟁은 업무 환경의 세부적인 내용과 밀접한관련이 있다. 그래서 환경에 작은 변화를 주면 서로 비난하는 현상을 줄일 수 있다.

업무 환경은 끊임없이 변화한다. 때문에 지금은 안정적이어도 언젠가는 앞이 안 보이는 불안정한 순간이 찾아온다. 내가 어떻게 반응하고 행동하는지에 따라 타인과의 관세가 바뀔 수 있고, 이에 따라 팀 내, 혹은 팀 사이의 역학 관계가 바뀔 수도 있다. 상황에 대한 비난이 커질수록, 그리고 자기충족적 역학 관계가 많아질수록, 개인이 개입해 변화를 일으키고 관계를 바로잡는 일은 어려워진다.

5

비난 게임의
문화적
배경

〈SNL〉에 '지피 익스프레스'란 가상의 택배회사를 다룬 코너가 있었다.[1] 이 회사는 정시 배달을 약속하지 않는다. 그런 서비스는 다른 회사에 알아보라고 한다. 대신 이들은 욕을 들어준다. 예상 배달일을 고의로 앞당겨 고객을 기다리게 하거나, 온갖 방법으로 포장해서 물건을 오래된 것처럼 꾸민다. 국제 배송의 경우 배송 경로를 조작해서 사서 비난을 받는다. 그들의 슬로건은 "욕할 사람이 없으면, 저희에게 전화하세요"다. '지피 익스프레스'는 가상의 코미디 프로그램일 뿐이지만, 비즈니스 세계에 흔히 존재하는 문제의 정곡을 건드렸다. 현실에는 정시 배달보다 비난할 대상을 찾는 것이 중요한 조직이 많다.

비난의 문화는 너무 많은 조직에 퍼져 있다. 비난의 문화가 만연한 조직에서는 문제가 발생하면 다짜고짜 비난할 대상부터 찾아나선다. 책임질 대상을 찾는 것이 문제를 해결하고 재발을 방지할 유일한 방법이라는 믿음에서 이런 행동을 한다고 해도, 비난은 비난받는 사람에게 큰 상처를 남기고, 업무 의욕과 생산성을 떨어뜨린다.

내가 경험한 바로는, 회사에 문제를 일으킨 사람을 찾아 문책하는 것을 중요시하는 경향이 있다면, 이는 최고경영진에서부터 시작된 문화거나 오랜 시간에 걸쳐 확립된 문화일 경우가 많다. 만일 그런 회사에서 일하고 있다면, 그곳에서 발전을 기대하기란 쉽지 않다. 하지만 그런 문화를 극복할 방법은 있다. 공과의 역학 관계에 변화를 주어 조직에 퍼져나가게 할 수 있다.

개인을 비난하는 것에 집중하면 문제의 진짜 원인을 파악하지 못한다. 문제의 원인은 시스템에 있거나 개인이 통제할 수 없는 거시 경제적, 혹은 시장 상황 때문일 수도 있다. 지나친 비난은 비난하는 사람에게 다시 돌아온다. 비난하는 사람이 비난받는 사람으로 바뀔 수 있는 이유는, 비난이 불필요한 괴로움만 줄 뿐, 문제 해결에는 아무런 도움도 주지 못하기 때문이다.

욕을 들어야 잘한다고?

심리학자 대니얼 카너먼Daniel Kahneman과 에이머스 트버스키 Amos Tversky는 비난의 비생산성에 관한 놀라운 사례를 들려준다. 이들은 한 논문에서 이스라엘 전투기 조종사와 훈련 교관의 이야기를 소개했다.[2] 교관들이 오랜 훈련을 통해 내린 결론은 칭찬이나 인정보다 비난이 학습에 효과적이라는 것이었다. 조종사들은 야단을 맞고 비행을 하면 훨씬 비행을 잘한 반면, 칭찬을 듣고 비행을 하면 성적이 좋지 않았다. 교관들은 야단을 치면 조종사들이 집중하지만, 칭찬을 들으면 자만심과 지나친 자신감이 생긴다고 결론을 내렸다 (1980년대의 인기 영화 〈탑 건Top Gun〉의 한 장면에서 교관 찰리는 주인공이 전통에서 벗어난 방식으로 비행하자 이렇게 잔소리를 한다. "자넨 정말 비행에 재능이 있어, 매버릭. 하지만 그렇게 보고할 순 없어").

비행 훈련 교관들이 칭찬을 자제하고 비난은 거침없이 하는 것은 일종의 표준 절차가 되었다. 하지만 카너먼과 트버스키의 결론은 매우 달랐다. 그들이 알아낸 바에 따르면 조종사들의 비행 성적은 평균으로 회귀regression to the mean하는 형태를 보였다. 조종사가 형편없는 비행을 했다면 다음 비행에서는 평균(지난번 비행보다는 좋은 점수)에 가까워질 가능성이 높고, 이는 교관에게 받은 칭찬이나 비난과는 아무런 관련이 없다. 마찬가지로 비행 성적인 좋았을 경우, 다음번에는 그보다 성적이 나빠서 평균에 가까워질 가능성이 높다. 카너먼과 트버스키는 칭찬에 인색하고 비난을 퍼부어야 좋은 조종사를 키울 수 있다는 교관들의 생각은 완전히 틀렸다는 사실을 발견했다. 교관들이 했던 칭찬과 비난의 영향 평가에는 오류가 있었다는 뜻이다.

대부분의 리더는 칭찬과 비난이 부하 직원에게 미치는 영향을 과소평가한다. 하지만 이 비행 훈련 교관들은 칭찬과 비난의 영향을 미신에 가까울 정도로 과대평가했다. 비행에 영향을 주는 진짜 원인을 알게 된 교관들은 새로운 교육 방법을 찾게 되었다. 잘못된 요인과 변수를 비난하는 것은 기껏해야 혼란을 주는 정도에서 그칠 수도 있지만, 최악의 경우에는 피해를 입는 사람이 생길 수도 있다.

희생양 만들기 시나리오

조직에서 문제를 일으킨 책임자를 찾아내는 것이 위험한 이유는 미리 정해놓은 시나리오에 따라 희생자를 찾게 될 수 있기 때문이다. 9·11위원회 사례를 들어보자. 이 위원회는 2002년 11월 27일 의회와 조지 부시George W. Bush 대통령의 명령으로 "2001년 9월 11일 테러를 둘러싼 상황에 철저히 대비한다"[3]라는 명시적인 목적을 가지고 설립되었다. 미국 정부는 테러 공격을 예방하지 못한 책임을 누가 져야 하는지 알고 싶었던 것이다. 당연한 일이었다. 미국 국민은 격분했고, 어떻게 이런 일이 일어났는지, 어떻게 해야 재발을 막을 수 있는지 답을 원했기 때문이었다. 위원회는 전 뉴저지 주지사 토머스 킨Thomas Kean을 의장으로, 2년이 넘는 기간 동안 최소 900만 달러를 지출하며 보고서를 작성했다. 보고서는 모두 428쪽으로, 어떤 부분은 마치 스릴러 소설처럼 읽히기도 했다. 이 보고서는 출판되자 곧바로 베스트셀러가 되었다.

보고서의 마지막 90쪽에서 내린 결론은 CIA나 FBI 등 정보기관의 중앙집중화가 미흡해 효과적인 정보 공유에 실패한 결과 관료주의적 사각지대가 생겼고, 알카에다가 이를 이용할 수 있었기 때문에 충격적인 결과로 이어졌다는 것이었다. 위원회는 정부가 정보 기관과 테러 방지 자원을 잘 활용했다면, 펜타곤과 세계무역센터 공격은 일어나지 않았을 것이라고 판단했다. 그리고 이와 같은 일이 다시 일어나지 않도록 하기 위해서 아프가니스탄, 파키스탄, 사우디아라비아 등 이슬람 국가에 관심을 기울여야 한다고 주장했다. 보고서는 이렇게 언급한다. "테러 방지 전략은 모든 악을 포괄하는 '테러리즘'에 초점을 맞춰서는 안 된다. 역사적으로 현재 이 시점에서 파괴의 위협은 훨씬 구체적이다. 이슬람 테러리즘 때문에 발생하는 위협이다."[4]

9·11테러에 가담한 사람들이 이슬람교도라는 것을 고려하면, 보고서에서 주장한 내용은 합당하게 들린다. 하지만 저명한 저술가이자 블로거인 리처드 포스너Richard Posner 연방제7항소법원 판사는 그렇게 생각하지 않았다. 포스너는 『뉴욕타임스』에 9·11위원회 보고서에 대한 날카로운 반대 의견을 제시했다. 포스너는 이 글에서 정부가 9·11 같은 대규모 기습 공격을 받았을 때 어떻게든 시민을 보호해야만 했다는 생각에 반대했다. 알카에다의 세계무역센터 빌딩 공격과 더불어 진주만 공습을 예를 들며 이런 공격을 예측하지 못했다고 정부를 비난하는 것은 부당할 뿐만 아니라 아무런 도움이 되지 않는다고 주장했다. "문제는 사람들이 새로운 위험을 심각하게 받아들이지 못하는 것도 아니고, 정부가 재난이 일어날만한 모든 영역을 조사하고, 사고를 방지할 방법이 없기 때문도 아니다."[5]

그렇지만 위원회는 임무를 충실히 수행해야 했기 때문에 테러 공격을 막지 못한 책임을 정부 정보기관의 구조 탓으로 돌리고 해결책을 제시했다. 포스너는 위원회가 그런 해결책을 내놓은 이유는 사후 조사를 통해서 정부의 실수와 테러를 방지할 수 있었던 기회를 찾아냈기 때문이라고 주장했다. 포스너는 위원회의 해결책이 있었어도 정부가 할 수 있었던 일은 거의 없었을 것이라고 주장했다. 게다가 포스너가 보기에, 정보기관을 중앙집중화하고 전 세계의 이슬람 테러리스트에 대항할 책임자를 임명하자는 위원회의 해결책은 사전에 짜여 있었던 결정이었다.

포스너는 위원회가 이렇게 책임을 돌림으로써, 임무에 실패했을 뿐만 아니라 상황을 더 악화시켰다고 믿었다. 테러리스트가 공격할 위험이 줄어들었다는 착각을 불러일으켰기 때문이다. "국가가 기습 공격을 당했을 때 우리의 본능적인 반응은 적의 공격에 감탄하는 것이 아니라 우리의 방어 전략이나 구조가 잘못되었으니 그것을 바꿔서 안전을 확보하자는 것이다. 실제로 전략과 구조는 그렇게 나쁘지 않았다.……위험한 것은 우리가 어떻게 하면 공격을 막을 수 있는지 모른다는 데 있다."[6]

일부 논평가들은 탈중심화한 정보기관도 서로 원활하게 소통한다면 단일한 관료주의 기관보다 상황에 유연하게 대응할 수 있다고 주장했다. 테러리스트와 싸움을 벌이든, 혁신적인 제품을 개발하든, 소비자에게 좋은 서비스를 제공하든 조직은 성공하기 위해 끊임없이 학습해야 한다. 누구 혹은 어디에 잘못이 있는지 성급하게 결론을 내리는 것이 최선은 아니다.

실수와 실패를 축하해주기

어떤 조직이든 비난의 문화를 허용하거나 보상-물리적 보상이든, 비물리적 보상이든-하면, 업무 실적이 나빠지거나 학습이 둔화될 수 있다. 제대로 된 조직은 실패나 실수에 가치가 있다는 것을 안다. 여기에는 개인이 저지른 실수로 부당하게 비난받지 않도록 보장해주는 시스템과, 학습 기회를 제공하는 절차가 존재해야 한다는 전제가 있다.

작은 팀을 관리하든 기업 전체를 관리하든 리더가 중요한 정보를 얻고자 한다면, 비난을 감수하고 앞으로 나서는 구성원을 인정해주어야 한다. 독일의 유명한 로켓 연구자 베르너 폰 브라운 Wernher von Braun의 이야기를 살펴보자. 브라운은 2차대전 당시 나치의 로켓 프로그램을 개발했기 때문에 논란이 있었지만, 전쟁 후 미국의 우주개발 프로그램에 참여했다.[7] 미국과 소련이 우주개발 경쟁을 벌이던 당시, 나사는 경쟁이 매우 치열한 조직이었다. 나사 엔지니어들은 문제가 발생하면 책임을 회피하거나 문제를 감추는 데 급급했다. 브라운은 엔지니어들이 사실을 왜곡하거나 감추면 심각한 위험이 발생할 수 있다는 사실을 알고 있었다. 그래서 새로운 탄도미사일이 시험 발사 도중 폭발했을 때, 조직 문화에 변화를 가져올 수 있었다.

엔지니어들은 데이터를 분석했고, 문제가 있는 부품을 다시 설계하라는 명령이 내려왔다. 미사일 발사 예정은 몇 달 늦어질 수밖에 없었다. 그때 한 젊은 엔지니어가 브라운에게 면담을 신청했다. 엔지니어는 일자리를 잃을 수도 있지만 용기를 내서, 미사일을 발사하기 전에 민감한 회로 기판 근처에서 나사를 조이다가 문제가 발생했던 부분에서 불꽃이 튀었다고 고백했다. 하지만 사전 비행 시험에서 필요한 사항을 모두 확인했기 때문에 문제가 생기리라고는 생각하지 않았다고 했다. 브라운은 이 이야기를 듣고, 재설계를 중단하고 원래 일정대로 진행하게 했다. 브라운은 그 엔지니어에게 해고통지서 대신 샴페인 한 병을 보냈고, 엔지니어는 놀라는 동시에 안도의 한숨을 쉬었다.

브라운은 진실을 감추는 대신 실수를 인정하는 사람을 보상하겠다는 메시지를 보낸 것이다. 이런 강력하고 상징적인 행동으로 자기방어적 문화 대신 실수에 개방적인 문화가 생겨날 수 있었고, 자연스럽게 학습 문화도 구축되었다.

누구의 책임인지 가리는 것을 지나치게 중요시하는 상사나 조직 때문에, 피할 수 있는 문제를 발견하지 못해 심각한 결과가 생길 수 있다. 조직원들이 문제를 드러내는 것을 두려워하면, 제때 문제를 해결하거나 예방할 수 있는 중요한 정보를 놓치게 된다.

대조적인 두 항공사의 사례를 살펴보자. 아메리칸 항공은 여전히 세계 최대의 여객 운송 업체지만 가까스로, 힘겹게 수익을 올리는 것으로 보인다. 반면 사우스웨스트 항공은 항공업계의 혁신 기업으로 시가총액이 아메리칸 항공의 거의 4배에 달하고, 2010년 1월 기준으로 37년 연속 흑자를 기록했다.[8] 조디 호퍼 기텔Jody

Hoffer Gittell의 『사우스웨스트 방식The Southwest Airlines Way』을 보면 두 회사의 실적이 이렇게 대비되는 이유를 찾을 수 있다. 그중 하나는 조직이 비난을 대하는 태도다. 특히 스트레스가 심하고 중요도가 높은 항공기 출발 조정 업무(복잡할뿐더러 연착에 미치는 변수가 무수히 많다)에서 대비가 뚜렷하다.

기텔에 따르면 아메리칸 항공은 "출발 업무에 관련된 직원들은 출발이 지연되거나 여타 문제가 발생하면 남의 탓을 하거나 비난을 회피하는 모습을 보여주었다." 한 게이트 운영 요원은 이렇게 말했다. "유감스럽지만, 문제가 생기면 꼭 누군가가 책임을 져야 합니다. 게이트에 나가면 누가 출발 지연에 책임이 있는지를 놓고 싸우는 소리를 들을 수 있습니다."[9]

반면 사우스웨스트 항공에서는 대조적인 태도를 발견할 수 있었다. "문제가 발생하면 직원들은 문제 자체를 놓고 이야기를 나누지, 누군가의 탓인지 따지지 않았다." 사우스웨스트 항공의 한 조종사는 이렇게 말했다. "우리는 지연의 원인을 밝혀내려 합니다. 꼭 누군가를 질책하려 애쓰지 않습니다. 가끔은 그런 경우도 있습니다만, 협력의 문제지 비난의 문제가 아닙니다."[10]

긍정적인 문화를 확립한 다른 조직은 인튜이트로, 캘리포니아 주에서 퀴큰Quicken이나 터보택스TurboTax 같은 소프트웨어를 제작하는 회사다. 창립자 스콧 쿡Scott Cook은 가장 좋은 아이디어는 실수나 잠재력을 발휘하지 못하고 실패한 계획에서 나온다고 믿는다. 한 가지 사례로, 인튜이트는 젊은이들을 대상으로 온라인 세금 신고 캠페인을 벌였다가 미미한 반응을 얻는 데 그치고 말았다. 하지만 이 캠페인으로 젊은이들이 세금 신고에는 관심이 없지만 세금 환급에는 관심이 많다는 사실을 알게 되었다. 실패한 캠페인에서 터득한 교훈으로 인튜이트는 젊은 소비자에게 다가갈 효과적인 방법을 찾을 수 있었다. "인튜이트에서는 실패를 축하해줍니다. 왜냐하면 실패는 항상 중요한 것을 가르쳐주고, 다음에 훌륭한 아이디어가 되어줍니다."[11]

사우스웨스트 항공이나 인튜이트 같은 조직은 도움을 주는 사람에게 칭찬해주고 남을 탓하는 사람을 질책한 결과 번창하게 되었다. 밴더빌트대학교의 마크 캐넌Mark Cannon과 하버드 비즈니스 스쿨의 에이미 에드먼슨Amy Edmondson은 인정과 비난이 어떻게 조직 문화의 필수적인 측면이 되는지를 『하버드비즈니스리뷰』에 발표한 논문, 「학습하기 위해 실패하기와 (현명하게) 실패하기 위해 학습하기: 위대한 조직은 어떻게 실패에서 혁신과 개선을 찾았는가Failing to Learn and learning to Fail (Intelligently) How great organizations put failure to work to improve and innovate」에서 살펴보았다. 캐넌과 에드먼슨은 실패를 이용해서 학습하려는 조직이 거의 없다는 사실을 알게 되었다. 아마도 의도적으로 실패해서 학습 속도를 높이려는 사례는 훨씬 적을 것이다. "조직이 실패를 이용해 학습하는 것은 가능하지만, 이를 위해서는 서로 다른 3가지 과정을 능숙하게 관리해야 한다. 3가지 과정은 실패를 파악하기, 실패를 분석하고 토론하기, 실험하기 등이다. 능숙하게 관리한다면 이런 과정을 통해 다른 조직들이 무시하고 숨기

는 실패에서 교훈을 얻을 수 있을 것이다."¹²

개인이나 집단이나 약점과 실패를 받아들이기 꺼려하는 이유는 비슷하다. 자기 자존감과 사회적 자존감에서 발생하는 잠재적 비용 때문이다. 이 때문에 극소수의 조직만이 실패에서 배우고 실험할 수 있는 환경을 조성한다. 많은 조직이 여전히 실패를 회피한 사람에게 급여 인상이나 승진 등 여러 형태의 보상을 한다. 이 과정에서 실수를 파악해서 반복하지 않을 기회를 놓치게 된다. 작은 실패 사례를 공개하고 공유해야, 미래의 훨씬 큰 실패를 예방할 수 있다. 사람들은 일반적으로 '실행하지 않아서 저지른 실수'보다 '실행하다 저지르는 실수'를 두려워한다. 하지만 조직이 발전하려면 실험이 필요하고 실수도 저질러야 한다.

실험적인 시도와, 아무런 시도조차 하지 않는 것을 위험과 이익의 관점으로 비교하면 큰 효과를 볼 수 있다. 캐넌과 에드먼슨은 한 기계설비회사의 사장을 예로 들었다. 이 사장은 쓰레기통에 버려진 450달러짜리 실패작을 꺼내와 직원들의 이름이 붙어 있는 곳에 쌓아놓았다. 요점은 사장이 실패에 대한 책임을 묻기보다는 웃으면서 실패에서 배울 수 있도록 격려했다는 점이다. 사장이 그렇게 행동하지 않았다면 직원들은 실수를 감추려고 했을 것이다. 실수를 저지른 직원은 처음에는 당황했지만 그 실수로 인해 발생할 수 있었던 미래의 손해를 막았다는 자부심을 느끼게 되었다.

실패를 널리 알리지 못하거나 심지어 실패를 인지하지도 못하는 조직은 실패에서 배울 수 있는 기회를 놓치게 된다. 미 해군에서 벌어진 학습 거부 사례에 관한 기사를 살펴보자.[13] 2002년 7월 미 해군은 한 달에 걸쳐 불특정한 중동의 적대 국가와 대결하는 가상 전투 훈련을 실시했다. 2억 5천만 달러가 넘는 비용이 들어간 역사상 최대의 가상훈련에서 전혀 뜻하지 않은 결과가 나왔다. 훈련 둘째 날, 폴 밴 리퍼Paul Van Riper 장군이 이끄는 적군인 홍군은 청군의 대형 전함에 피해를 입히기 위해 작고 빠른 고속정을 이용해 순항 미사일과 자살 공격을 혼합한 전술을 사용했다. 청군은 그런 벌떼 작전에 대비하지 못했기 때문에 방어하지 못했다.

가상훈련을 기록한 컴퓨터는 밴 리퍼 장군의 공격이 실제 전투였다면 단 하루 동안 전함 16척의 손실과 2만 명의 사상자를 냈을 것으로 예측했다. 하지만 국방부는 밴 리퍼 장군이 미군의 약점을 밝혀낸 것에 대해 공로를 치하하는 대신 가상훈련을 중지하고 재훈련을 선언했다. 다시 훈련이 시작되었을 때, 밴 리퍼 장군의 전략은 금지되어 있었다. 홍군은 상부에서 원하는 대로 움직여야 했다. 밴 리퍼 장군은 자신의 명예를 지키기 위해 사임했다. 잘못된 전략으로 성공하는 것을 볼 수 없었기 때문이다. 최종 결과는 당연하게도 청군이 홍군을 압도했다.

미 해군은 수십억 달러의 항공모함과 첨단 무기에 의존하면서, 군사력의 차이가 심한 적의 비정상적인 전투에 취약할 수 있다는 점을 받아들이지 못했다. 일부에서는 미 해군이 정치적 입장 때문에 구식 방법에 지나치게 얽매여 있다고 비판했다.[14] 이와 같은 타성은 미 해군뿐 아니라 다양한 조직에 널리 퍼져 있다. 조직의 학습이란 부담스럽고 어려우며 불편한 일이다. MIT 명예교수인 에드거 샤인Edgar Schein이 말하길, 학습이 발생하는 경우는 '생존에 대한 불안'이 '학습에 대한 불안'보다 커질 때뿐이다.[15]

작고한 경영 전문가 피터 드러커Peter Drucker는 『기업가 정신 Innovation and Entreneuership』에서 실패를 통한 학습과 비용에 관한 흥미로운 이야기를 들려주었다.[16] 독일의 한 고분자 실험실에서 연구원 몇몇이 분젠버너를 켜놓은 채 퇴근해 주말 내내 실험 중인 재료에 너무 많은 열이 가해졌다. 연구원들은 아무 생각 없이 재료를 가져다 버렸다. 우연히 미국 화학회사 듀폰의 직원도 똑같은 실수를 저질렀다. 다만 결과물을 가져다 버리는 대신 분석을 했고, 그 결과 우리가 나일론이라고 부르는 물질을 만들어냈다. 이와 비슷하게 여러 상을 수상한 디자인 회사 아이디오는 '자주 실패할수록 성공은 빨리 온다', '현명한 시행착오는 성공한다' 등의 슬로건을 내걸어 실패에 대한 심리적인 장벽을 극복하고, 직원들에게 실패하라고 (그리고 배우라고) 격려한다.[17]

잘못된 평가, 의미 없는 보상

조직이 비난에 지나치게 집중하면, 조직의 어떤 구조적인 문제가 사람들을 비생산적으로 일하게 만드는지 고민하기 어려워진다. 1975년 리더십 전문가 스티븐 커Steven Kerr가 『경영학회지Academy of Management Executive』에 쓴 「B를 바라는데 A를 주는 어리석음에 대하

「On the Folly of Rewarding A, While Hoping for B」라는 유명한 글에 의하면, 조직 문제의 대부분은 불합리한 인센티브와 보상 제도 때문에 생긴다. 어떤 목표를 달성하려고 제도를 만들지만, 직원들은 그 제도를 썩 반기지 않고 심지어 반대 행동을 하기도 한다. 커는 이렇게 썼다. "직원들이 의욕이 없다고 불평하는 관리자는 회사의 보상 제도가 직원들이 원하는 바를 충족시켜 주는지 생각해보는 게 좋다."[18]

커는 여러 가지 예를 들며 복잡한 메시지를 전달한다. 예를 들어 오진에 대한 비난이 두려워 건강한 사람을 환자로 진단하는 의사의 이야기도 있고, 교수의 강의 능력을 중요시한다고 주장하면서 논문이나 저서로만 교수를 평가하는 대학의 이야기도 있다. 또 다른 사례로 고등학교 농구 선수 이야기도 나온다. 이 선수는 공을 패스하는 능력이 뛰어나서 팀 동료들의 플레이에 큰 도움을 준다. 하지만 감독과 대학은 선수의 능력을 득점으로만 평가하기 때문에 이 선수는 점점 패스를 하지 않고 슛을 하게 된다. 결국 팀은 승리할 기회를 놓치게 됐다.

전에 컨설팅했던 회사는 직원들의 모든 행동을 식스시그마 기법으로 수량화해 측정했다. 식스시그마는 엄격한 통계분석과 공정관리를 통해 불량률을 줄이는 것을 우선시한다. 이 기법이 어느 정도 도움이 되긴 했지만, 직원들은 식스시그마 기법이 실적을 공정하게 반영하지 못할 뿐 아니라, 조직에 맞는 방법이 아니라고 확신하고 있었다. 일단 제도를 악용할 수 있다. 예를 들어 프로젝트 시작을 미루면 프로젝트를 완수하는 데 드는 시간을 줄일 수 있다. 수익이 날 만한 제품이라도 시그마 점수가 낮을 것 같으면 생산하지 않게 된다. 또한 시그마 점수의 몇 가지 항목은 직원들이 노력한다고 좋은 점수를 받을 수 있는 것이 아니었다. 하지만 그런 말은 해봤자 아무 소용이 없었다. 부서장이 자칭 식스시그마 전도사였기 때문에, 평가 시스템을 절대 수정하려고 하지 않았다.

하버드대학교의 로널드 하이페츠Ronald Heifetz와 하버드 케네디 스쿨 동료인 마티 린스키Marty Linsky는 '기술적 접근'과 '상황에 따른 접근'으로 구분해 조직 문제에 접근했다.[19] 앞서 언급한 회사는 직면한 문제에 기술적으로만 접근한 '닫힌 시스템'이었으며, 환경의 변화에 성공적으로 적응하지 못했다. 직원들은 의욕을 상실했고, 시스템이 기여도를 제대로 평가하지 못하면서 처벌에만 활용된다고 느꼈다. 시스템은 조직의 실제 이익에 반하는 보상 제도를 내놓았으며, 올바르게 처리한 일을 부당하게 평가했다.

이와는 반대로 한 금융 서비스 조직은 기술적 접근과 상황에 따른 접근으로 구분해서 업무 평가 시스템을 평가했다. 이 조직은 최선을 다해 시스템의 모든 측면(관리하는 방법 및 주기, 관련된 사람, 평가 대상 등)을 평가하고 있었다. 이들은 내게 시작부터 끝까지 업무의 전 과정을 리뷰하고, 담당자가 어떻게 하면 효과적으로 시스템을 사용할 수 있는지 정보를 수집해 달라고 요청했다. 이 프로젝트 덕에 인사부서는 시스템의 모든 단계에서 상당한 개선을 이루어냈고, 이 내용은 전 직원에게 공유되어 공로를 인정받았다.

직원들이 자신의 행동을 반성하고 발전하도록 도와주는 가장 좋은 방법은 조직 역시 행동을 반성하고 발전을 도모하는 것이다. 이런 건강한 조직 문화에서는 자연스럽게 학습이 이루어지며, 역기능을 일으킬 수 있는 비난 행위는 억제된다.

그 회사의 주가기 높은 이유

집단 전체가 책임을 지는 것은, 특정 개인이나 외부 요인에 책임을 돌리는 것보다 훨씬 유익하다. 피오나 리Fiona Lee와 크리스토퍼 피터슨Christopher Peterson이 『인성·사회심리학회보Personality and Social Psychology Bulletin』에 실은 「내 탓이오: 조직의 귀인에 따른 주가 예측Mea Culpa: Predicting stock prices from organizational attributions」에 따르면, 형편없는 실적의 책임을 외부 요인으로 돌리지 않고 조직 자체의 책임으로 인정한 조직의 주가가 장기적으로 보면 그렇지 않은 조직보다 훨씬 높았다. 리와 피터슨은 상장 기업 14개 사의 1975년부터 1995년 사이의 연차보고서 655건을 분석했다. 주주에게 보내는 편지에서 전년도에 발생한 긍정적 혹은 부정적 사건에 대해 회사 입장만 고려한 문장을 몇 번이나 썼는지 조사했다. 실적이 저조한 이유를 통제 불가능한 외부 요인 탓으로 돌리면 주로 이런 내용이 나온다.

올해 수익이 감소한 이유는 국내 및 국제경제의 예상치 못한 경기 침체와 경쟁 심화 때문이다. 이러한 불리한 시장 환경으로 인해 매출이 단기적으로 급락했고 몇 가지 주요한 약품을 시장에 선보이는 데 어려움을 겪었다. 이런 예상치 못한 요인은 연방법 때문에 발생했고 회사에서 대처할 수 있는 방법은 없었다.

이 회사가 문제의 원인을 내부에서, 그리고 통제 가능한 요인에서 찾았다면 보고서의 내용은 이렇게 달라졌을 것이다.

올해 예상치 못한 수익 감소의 가장 큰 요인은 작년에 결정했던 전략 때문이다. 기업을 새로 인수하고 몇 가지 신약을 국제시장에 출시하기로 한 결정이 단기적 수익 감소로 이어졌다. 경영진으로서 국내 및 국제 시장에서 발생한 불리한 시장 환경에 적절히 대처하지 못했다.[20]

리와 피터슨은 비정상적으로 높거나 낮은 실적을 보인 예외적인 기업들을 처리하기 위해 업계 평균과 비슷한 실적을 올린 기업들만 선정해 조사했다. 그런 다음, 연차보고서에 쓴 내용 중 회사 입장만 고려한 문장의 횟수에 따라 각 기업의 주가 변동을 측정했다. 실적이 좋을 때의 공로를 내부에서 찾은 회사는 주가 변동과 관련 없었다. 그러나 실적이 나쁜 이유를 내부에서 찾은 기업은 외부 요인 탓을 한 기업에 비해 주가가 높았다. 리와 피터슨은 이렇게 지적했다.

우리는 조직 차원에서 이런 원인 분석이 결과에 영향을 미치는지 조사했고, 조직 차원의 결과에 영향을 준다는 사실을 알게 되었다. 연차보고서에 나타난 이러한 원인 분석은 긍정적이거나 부정적인 사건에 대한 집단적인 입장을 나타내기 때문에, 사람들은 이런 분석에 따라 반응한다.[21]

투자자들은 회사가 경기 침체와 같은 외부적인 돌출 변수에 대비하고 이를 극복하는 계획이 있다고 말해주길 바란다. 1장에서 살펴본 것처럼, 기업은 저조한 실적을 통제 불가능한 외부 사건 때문이라고 책임을 회피하는 경향이 있다. 하지만 이런 책임 회피는 오히려 주주들은 불안하게 할 수 있다. 실적이 나쁜 원인을 외부 요인 탓으로 돌렸을 때 주주들이 이렇게 물어온다면 역효과가 날 뿐이다. "그렇게 통제하기 어려운 요인이 있다면 왜 우리가 당신 회사에 투자해야 하죠?"

실수를 덮는 게 능사는 아니다

물론 모든 조직이 항상 저조한 실적의 원인을 외부 요인에서 찾는 외벌형 행동을 하는 것은 아니다. 때로는 무벌형의 특징을 보이며 모든 부정적인 결과를 거부하기도 한다. 이 역시 역효과가 날 수 있는데, 최근 의료계의 사례를 살펴보자. 이 사례들은 잘못(저조한 경영 실적 등)을 인정하는 것이 장기적으로나 단기적으로 조직에게 얼마나 이로운 일인지 잘 보여준다.

　일반적인 기업과는 달리 병원은 재정적인 결과로만 평가하지 않는다. 환자와 보호자가 병원을 평가하는 첫 번째 기준은 병을 얼마나 빨리 고치느냐지만 의사나 간호사 역시 인간이기 때문에 실수를 저지른다. 거즈를 환자의 몸 안에 둔 채 환부를 꿰매거나, 엉뚱한 부위를 수술하기도 한다. 이런 의료사고에 대해 전통적으로 병원 측 변호사와 보험회사는 실수를 인정하기보다 '부인 전략'을 쓰라고 권유한다.

　하지만 용기 있게 새로운 방식을 택한 몇몇 병원이 있다. 미시간주립대학병원과 일리노이주립대학병원은 몇 년에 걸쳐 완전 공개를 실시하고 있다. 이들은 자신들이 저지른 실수를 인정할 뿐 아니라 자진해서 잘못을 사과하고 적절한 보상을 한다. 예상과는 달리 병원을 상대로 한 소송이 늘어나기는커녕 두 병원 모두 의료사고 소송이 크게 감소했다. 미시간주립대학병원에서는 의료사고에 적극적으로 책임을 인정하기 시작한 후 1년 동안 소송의 수가 262건에서 83건으로 줄었다. 일리노이주립대학병원에서 적극적으로 과실을 인정한 37건의 의료사고 중 소송으로 이어진 경우는 단 1건뿐이었다.[22]

　미시간주립대학병원 최고위기관리임원 리처드 부스먼Richard Boothman이 『뉴욕타임스』에 말한 것처럼, 이들의 주요 목적은 소송을 피해서 비용을 절감하는 것이 아니라 실수를 통해 얻은 지식으로 같은 사고를 방지하는 것이었다. 에이미 에드먼슨은 약물 관리

오류를 연구하는 과정에서 일반적인 사고에 반하는 여러 결과를 밝혀냈다. 가장 단합이 잘 되고 잘 훈련된 팀일수록 더 많은 오류를 저질렀다. 연구원들은 이런 결과가 나온 이유가 궁금했고, 혹시 연구 과정이나 분석 과정에서 실수가 있지 않았는지 자문하기도 했다. 하지만 더 깊이 들어가 인류학자의 도움을 받아 행동 데이터를 수집하고 분석한 결과, 에드먼슨은 뜻밖의 역설적인 결과가 나온 이유를 알 수 있었다. 높은 기술을 요하는 직업일수록 저지른 실수를 공개하고 실수를 통해 학습하고 실수를 반복하지 않으려는 경향이 강하다는 것이었다. 반대로 가장 오류가 적었던 부서나 병원은 두려움으로 운영되는 조직이었다. 그들은 실적이 낮았고 많은 실수를 저질렀다. 단지 보고하지 않았을 뿐이다.[23]

에드먼슨은 실적이 낮은 병원에서 근무하는 간호사들을 인터뷰했는데, 그들은 근무 환경을 이렇게 묘사했다. "실수가 용납되지 않고, 결코 그냥 넘어가는 법이 없는 환경", "재판을 받게 될 거야", "관리자가 나를 마치 두 살짜리 아이처럼 대했다.……실수를 저지르면 책임을 져야 한다." 의료계의 ABC(고발abuse, 비난blame, 비판criticize)라고 부른다는 이런 적대적인 환경에서 일하는 간호사들이 자신이 저지른 실수를 공개하거나, 같은 실수를 반복하지 않기 위해 솔직하게 토론할 의욕이 생기지 않는 것은 당연한 일이다.

에드먼슨은 동료인 마이클 로베르토Michel Roberto, 애니타 터커Anita Tucker와 함께 미니애폴리스 아동병원에서의 경험을 다룬 사례 연구를 발표했다. 이 병원의 최고운영책임자 줄리 모라스Julie Morath

는 조직 문화를 바꿔 의료사고에 대해 생산적인 방식으로 토론할 수 있는 환경을 제공하기 위해 'SAFE'라는 프로그램을 도입했다. 모라스는 환자를 다루는 데 내재적 위험이 존재한다는 것을 이해하고 있었다. 의사와 간호사들은 환자를 효과적으로 치료하기 위해 때로 즉흥적인 방법을 쓰거나 실험 정신을 발휘해야 한다. 하지만 모라스의 동료 모두가 그렇게 생각한 것은 아니었다. 실수를 인정하거나 아직 검증되지 않은 치료법을 사용했다고 인정하면, 소송이 훨씬 늘어날 것이라고 믿는 동료가 많았다. 모라스는 무언가를 시도하는 것이 나쁜 결과가 나올까봐 아무것도 하지 않는 것보다 낫다고 생각했다.[24]

하지만 모라스의 궁극적인 목표는 병원의 안전사고 기록을 개선하는 것이었다. 그러기 위해서는 실수를 공개적으로 인정하고 과거의 실수를 비난하는 것이 아니라 실수를 기반으로 학습하는 문화를 확립해야 했다.[25] 병원의 문화를 바꾸기 위해 모라스는 무비난 보고서라는 제도를 시행해서, 보복에 대한 두려움 없이 익명으로 의료사고에 대한 의견을 나눌 수 있도록 했다. 여기에 더해 의료사고가 발생했을 때 병원이 환자·보호자와 소통하는 방법도 개선하고자 했다. 이런 정책이 어떻게 실행되었는지 설명하기 위해 에드먼슨과 연구원들은 병원장 넬슨이 들려준 이야기를 소개했다. 미니애폴리스 아동병원에서 건강증명서를 받은 10대 소년이 암으로 사망한 사건이 발생했고, 소년의 가족은 병원 과실이라며 소송을 제기했다. 가족은 소송에서 패했지만, 1999년 9월 넬슨과 면담을 요청했다. 넬슨은 이 사건을 다음과 같이 기억했다.

소년의 가족은 아직 마무리되지 않은 문제에 관해 이야기를 나누기 위해 나와 면담을 요청했다. 분명 병원에서 저지른 실수였다. 면담을 하기 전 병원의 위기관리 담당 직원과 변호사는 내게 2가지 원칙을 따르라고 조언했다. 자진해서 정보를 제공하지 말 것과 병원 측의 실수를 인정하지 말라는 것이었다. 우리는 함께 가족을 만났고, 나는 조언에 따라 행동했다. 면담이 끝나자 직원들은 내가 잘 대처했다고 축하해주었다. 내가 아무런 정보도 제공하지 않았고, 실수도 인정하지 않았기 때문이었다. 내 인생 최악의 만남이었고 다시는 그렇게 행동하지 않겠다고 직원들에게 말했다. 우리는 소년의 가족을 외면했다. 끔찍한 행동이었다.[26]

그로부터 불과 몇 달 후인 2000년 2월, 모라스의 완전 공개 프로그램이 실행되었다. 넬슨은 가족에게 병원에 와달라고 요청했고, 그 자리에서 이전과는 완전히 다른 이야기를 했다. "두 번째로 가족을 만난 자리에서, 오진이 있었다고 이야기했다. 가족을 위로하며 나는 눈물을 흘렸다. 우리는 문제를 해결할 수 있었다. 회의가 끝나고 우리는 서로 안아주었다."[27]

늙은 프루는 어떻게 새로운 프루가 되었나?

과실에 대한 책임을 부담 없이 시인하거나 처벌을 두려워하지 않고 자유롭게 말하는 문화를 확립하는 것은 말하기는 쉽지만 행동에 옮기기는 쉽지 않다. 사람들은 상사가 있는 자리에서 직언을 하거나 집단의 의견에 반대하는 것에 부담을 느낀다. 상사나 동료들이 정당하지 못한 행동이나 잘못을 저지를 때는 더욱 부담이 심해진다. 에이미 에드먼슨과 제임스 디터트James Detert는 '잠재적 목소리latent voice episode'라는 용어로 팀이나 조직에서 흔히 보는, 누군가가 어떤 주제나 문제에 대해 의견을 말할까 고민하는 결정적인 순간을 묘사했다.[28]

어떻게 하면 사람들이 자기 의견을 거리낌 없이 말하는 문화를 만들 수 있을까? 에드먼슨은 왜 어떤 사람은 거리낌 없이 의견을 말하는지, 그리고 어떻게 하면 조직이 구조적인 변화와 보상을 통해 조직원들의 의견을 이끌어내어 큰 불상사를 방지할 수 있는지 연구했다. 에드먼슨은 『하버드비즈니스리뷰』에 발표한 「프루덴셜파이낸셜의 '안심하고 말하기'」라는 사례연구에서 프루덴셜에서 실행한 '안심하고 말하기' 프로그램을 소개했다.[29]

2002년 프루덴셜은 보험가입자 소유의 상호회사에서 주주 소유의 주식회사로 전환하고 있었다. 이런 중요한 변화기에, 프루덴셜의 최고경영자 아트 라이언Art Ryan은 직원들이 회사가 위험할 수도 있는 여정에서 길을 잃지 않도록, 능동적으로 참여하기를 원했다. 직급이 낮은 직원들은 중요한 이슈에 관심을 가지고 있어도, 관리자에게 알리는 것은 부담스러워했다. 이것이 라이언이 '안심하고 말하기' 프로그램을 만든 주요 계기였다. 이 프로그램은 아무리 안 좋은 내용이라 하더라도, 직원들이 업무에 관해 직언을 할 수 있도록 권한을 부여했다.

라이언이 '안심하고 말하기' 프로그램을 추진한 것은 주식회사로 전환하는 과정이 복잡하고 위험하기 때문만은 아니었다. 라이언은 1994년 프루덴셜에 입사해서 근무해왔다. 라이언은 그동안 회사가 겪었던 많은 문제, 즉 부도덕한 영업 행위, 규칙 위반 등은 중간관리자가 솔직하게 말할 수 있었다면 막을 수 있었다고 생각했다. 또한 프루덴셜은 1875년에 설립되어 오랜 시간 가치 있는 문화를 창조하고 지켜왔지만, 이제는 '늙은 프루old Pru'로 불리고 있었다. 프루덴셜의 문화 한 가지를 예로 들면, 직원들은 만나서 이야기를 하지 않고 일을 미뤘다. 이런 행동을 '프루식 예절'이라고 일컬었다. 이런 역학 관계를 바꾸려면 직원들이 직급에 상관없이 터놓고 이야기하는 방법을 찾아야 했다. 투자관리부문 사장 버나드 위노그라드Bernard Winograd는 이렇게 말했다. "특히 투자 조직에서는 다양한 생각과 여러 사람의 의견을 들어야 합니다. 인사치레로 하는 말이나 시키는 대로만 행동하는 것은 도움이 되지 않습니다."**30**

'안심하고 말하기' 프로그램을 실현하는 데는 여러 해가 걸렸다. 모든 직원은 자기 의견을 말하는 것이 중요하다고 교육받아야 했다. 처음에는 진도가 느렸지만, '새로운 프루new Pru'가 될 능력이 없거나 의지가 없는 직원들이 자진해서 조직을 떠나면서 탄력이 붙기 시작했다. 관리자들은 의견을 개진해서 회사에 도움을 준 직원에게는 공개적으로 보상을 해주었다. 직원에게 의견을 말할 권한이 있다고 느끼게 하는 데는 전사적인 참여가 필요했다.

그러나 아무도 듣지 않았다

의견을 말하는 것은 조직의 학습과 성장에 반드시 필요하지만, 아무도 들어주지 않는다면 의미가 없다. 마이클 투시먼Michael Tushman과 찰스 A. 오라일리Charles A. O' Reilly의 명저 『혁신을 통한 승리Winning through Innovation』에서 자세하게 다룬 에드워드 심스Edward Sims 중위의 이야기를 살펴보자. 심스는 1900년 미 해군이 새롭게 진수한 전함 켄터키호에 탑승한 하급 사관이었다. 당시만 해도 해전에서 승리란 적을 빠르게 앞질러가거나 포위하는 것이었지, 요즘처럼 눈에 보이지도 않는 적을 향해 레이더 유도장치가 장착된 미사일을 발사해서 폭파시키는 것이 아니었다. 끊임없이 흔들리고 요동치는 전함에 장착된 포砲로 목표물을 맞히려면 기술보다는 운이 필요했다. 당시에 해군이 수행한 연구를 보면 9,500발을 발사했을 때 표적을 맞춘 것은 121발뿐이었다. 이 정도만 해도 아주 좋은 기록이었다. 이런 기록에도 미 해군은 당시 벌어졌던 미국-스페인 전쟁을 승리로 이끈 후 세계 최강이라고 자부하고 있었다.

하지만 심스 중위는 게임의 양상이 바뀌었다는 것을 깨달았다. 영국 해군의 퍼시 스콧Percy Scott 제독 때문이었다. 스콧 제독은 HMS 스킬라호를 타고 남중국해를 항해하다가 켄터키호와 마주쳤다. 심스는 스콧 제독에게 연속으로 조준 사격할 수 있는 기술을 발명했다는 말을 들었다. 포수가 기어를 조작하면 포의 정확도가 증가한다. 이제는 사격하기 전 전함의 기울기를 조정하지 않고도 포수가 연속으로 사격할 수 있었다. 포수에게 조정 능력이 주어지자 스콧의 포수들은 정확도가 무려 3,000퍼센트 증가했다.

심스가 보기에 전투의 판도를 바꿀만한 혁신이었다. 심스는 재빨리 켄터키호에 유사한 시스템을 구현하고 개선된 사격 정확도에 관한 통계자료를 포함한 장문의 보고서를 작성한 후, 해군 사령부에 보냈다. 충성스런 장교로서 심스는 해군을 근대화하는 데 도움을 주려고 했다. 하지만 아무런 응답도 없었고, 아무것도 바뀌지 않았다. 심스는 말문이 막혔지만 좌절하지 않았다. 계속해서 증명할 자료를 수집했고 누군가 알아볼 때까지 보고서를 보냈다.

심스가 깨닫지 못한 것은 워싱턴의 최고위층은 그의 보고서를 무시하기로 작심했다는 사실이다. 심스의 아이디어는 현상을 유지하려는 해군을 위협하는 것이었다. 폴 밴 리퍼 장군이 100년 뒤에 당했던 것과 똑같았다. 해군의 조직 문화는 함장의 용기와 전술을 인정하고 보상하는 데 집중되어 있었다. 심스는 새로운 기술로 기존의 패러다임과 기득권층을 위협하고 있었다. 이제는 항해사가 아닌 포수가 해전의 승리를 결정하게 되었다. 최고위 장교들과 경험 많은 군인들, 해전 전문가들은 1만 킬로미터 떨어진 곳에 배치된 시건방진 중위에게 배울 것은 없다고 생각했다. 사격의 정확도에 는 더욱 관심이 없었다. 해군에 왜 더 좋은 포가 필요하단 말인가? 그 들은 최근 전쟁에서 승리를 거두었고, 그런 파괴적인 기술을 도입 하고 싶어 하는 사람은 아무도 없었다. 심스가 고집스럽게 자신의 보고서(때로는 선동적인 언어를 사용한)를 가능한 모든 사람에게 배포하 자, 마침내 해군은 그의 분수를 알게 해주기 위해 '정식 테스트'를 실시해 그의 새로운 방법이 '불가능'하다고 선언해버렸다. 문제는 그들이 포를 테스트한 장소가 육지였다는 사실이다. 누구나 예상할 수 있겠지만, 육지에서는 흔들리는 배에서 발휘되는 장점이 사라져 버린다.

테스트 실패로 심스의 경력은 사실상 끝났다. 심스에게는 '미 치광이 이기주의자', '증거 조작자'라는 꼬리표가 따라다녔다. 심스 는 견고한 문화로 자리 잡은 권력 구조에 도전했기 때문에 공로를 인정받기는커녕 비난과 무시를 당했다. 하지만 이야기는 여기에서 끝나지 않는다. 다행스럽게도 심스가 보고서를 보냈던 사람 가운데 한 사람인 시어도어 루스벨트Theodore Roosevelt 대통령은 그를 믿었 다. 루스벨트는 열렬한 해전역사학자였고 전직 국방부 해군 담당 차관보였기에 보고서를 보고 그 가치를 알아보았다. 루스벨트는 심 스를 워싱턴으로 불러 사격 감독관으로 임명하고 전함에 연속 조준 사격시스템을 장착하는 임무를 맡겼다.[31] 심스의 경력과 평판은 기 사회생했다. 변화를 거부하는 해군의 문화에도 불구하고 혁신의 방 법을 찾아내고 적용시킨 것은 행운으로 보인다. 하지만 심스가 비난을 받고 일선에서 물러나 머나먼 전초기지로 물러났다가, 공로를 인정받고 중앙에서 일하게 된 것은 단지 행운 때문이 아니었다. 그것은 위대한 리더십 때문이며, 다음 장의 주제이기도 하다.

6

게임의
룰을 바꾸는
리더의 역할

　　　　　　　　　　　　　　노르망디 상륙작전은 10만 명이 넘는
미국·영국·프랑스·캐나다 등의 병사가 노르망디 해변에 상륙한
2차대전 중 전투로, 이 작전으로 연합군에게 유리하게 전세가 바뀌
었다. 상륙 당일인 1944년 6월 6일, 연합군 총사령관 드와이트 아
이젠하워Dwight Eisenhower의 지갑에는 쪽지가 하나 들어 있었다. 이
지상 최대의 상륙작전이 성공하리라는 보장은 어디에도 없었다. 사
실 재앙으로 끝날 수도 있는 위험천만한 작전이었다. 공격의 성패
가 첫째 날에 달려 있다고 생각했던 아이젠하워는 전날 저녁 공격
이 실패로 돌아갔을 경우를 대비해 쪽지에 할 말을 적어두었다.

　　상륙작전은 실패했고 나는 보병 부대를 철수시켰다. 지금 이곳에
　　공격을 지시한 내 결정은 최선을 다해 얻은 정보를 바탕으로 했
　　다. 육군과 공군, 해군은 모두 용감하게 최선을 다했다. 오늘 있었

던 일에 대한 책임은 어떤 것이든 내게 있다.[1]

이 쪽지는 아이젠하워가 끔찍한 상황에 책임을 질 준비가 되어 있었다는 사실을 보여준다. 아이젠하워는 디데이 공격을 결정하고 세부 계획을 진행한 유일한 군사 지도자나 정치 지도자가 아니었다. 하지만 그는 책임자였고, 결과가 어찌되든 책임을 져야 한다는 사실을 이해하고 있었다.

리더가 자신이 실패할 수 있다는 현실을 솔직히 받아들인다면, 오히려 성공 가능성이 높아진다. 반면 혹시 있을지 모를 치욕과 비난이 두려워 실패를 생각하지 못하는 리더는 실패하기 십상이다. 위대한 리더는 타인에게 공로를 돌리고 책임은 자신이 지는 모습을 보인다. 이들은 책임을 회피하려는 보통 사람들과 달리 책임지는 것에 관해서라면 엄청난 '흡수력'을 보여준다.

책임은 내가 집니다

2차대전 이후는 당시 미국 대통령 해리 S. 트루먼Harry S. Truman에게 좋은 시절이었다. 트루먼은 1945년 프랭클린 D. 루스벨트 Franklin D. Roosevelt 대통령이 사망한 후 백악관에 들어갔기 때문에 책임이 막중했다. 역사학자들은 대체로 트루먼이 잘했다고 평가한다. 결과적으로 독일과 일본에게 승리를 거두었을 때 그는 미국의 지도자였고, 역사상 최초로 핵폭탄을 투하한 그의 결정은 끔찍한 결과로 이어졌지만, 전면적인 일본 침공을 저지해 많은 미국인과 일본인의 생명을 구했다고 볼 수 있다. 하지만 일본 천황 히로히토가 항복한 지 1년 만에, 트루먼에게 미국은 무너지기 직전으로 보였다. 군수산업으로 호황을 누리던 경제는 전쟁이 끝나자 저속 성장하는 산업구조로 바뀌었다. 노동조합은 전국적인 파업을 벌여 공장을 비롯해 대중교통 시스템까지 멈추겠다고 위협했다. 트루먼은 끊임없이 조사를 받았으며 좋지 않은 일이 생길 때마다 희생양 노릇을 해야 했다. 데이비드 매컬러David McCullough는 트루먼의 자서전에 "온갖 문젯거리와 결정해야 할 일들이 트루먼의 책상에서 마무리되었다"[2]라고 썼다.

하지만 트루먼은 책임을 회피하거나 굴복하지 않았다. 대신 비판에 맞서는 방법을 선택했고 책임을 감수했다. 이런 그의 자세를 상징하는 것은 대통령 집무실 책상에 놓여 있던, 가로 30센티미터에 세로 6센티미터 정도의 나무 받침에 '책임은 내가 집니다The Buck Stops Here'라는 글귀가 적힌 명패(뒷면에는 '나는 의심이 많은 사람I'm from Missouri'이라고 쓰여 있다)였다.[3] 연방 보안관이던 트루먼의 친구 프레드 캔필Fred Canfil이 오클라호마주 엘리노의 교도소장 책상에서 비슷한 것을 보고 1945년 10월 대통령에게 선물한 것이다. 이 문구는 포커 게임에서 유래했다고 하는데, 포커에서는 딜러가 누구인지 나타내는 표시로 수사슴buck 뿔로 만든 손잡이가 달린 나이프를 이용했다고 한다. 딜러를 하고 싶지 않은 사람은 다음 사람에게 사슴뿔 나이프를 넘기며 딜러의 책임을 넘겼다.

이 말은 한때 열렬한 포커광이었던 트루먼에게 다른 의미로 다가왔고, 더 이상 책임을 회피하거나 과실의 책임을 다른 사람에게 떠넘기지 않는 것을 뜻하게 되었다. 이를테면 트루먼은 노조 지도부나 전쟁의 후유증 탓을 하거나, 공산주의의 영향력 증가가 문제라고 할 수 있었다. 내각이나 국회에 책임을 묻는 것은 한층 손쉬운 방법이었다. 하지만 트루먼은 히로시마와 나가사키의 여파를 처리할 때처럼 결과에 상관없이 자신이 결정에 모든 책임을 지는 것으로 책상 위에 놓인 글귀를 구체화했다. 1952년 9월 국방대학교 연설에서 트루먼은 이렇게 말했다. "월요일 아침, 시합이 끝난 후에 쿼터백이 감독의 지시가 잘못되었다고 말하기는 쉬운 일입니다. 여러분 앞에 결정해야 할 일이 있다면, 제 책상에 적혀 있는 말이기도 합니다만, 책임지고 결정을 내려야 합니다." 한 가지 재미있는 일화를 덧붙이자면, 로널드 레이건Ronald Reagan 대통령도 집무실 책상에 명패가 있었다. 레이건의 명패에는 "누가 공로를 인정받는지 신경 쓰지 않는다면 인간은 무슨 일이든 할 수 있고 어디든 갈 수 있다"[4] 라고 써 있었다. 두 대통령은 최고의 리더는 타인을 비난하거나 공로를 인정받는 데 신경 써서는 안 된다고 굳게 믿었다.

리더가 조직과 위치에 상관없이 '책임은 내가 집니다'라는 사고방식을 가지고 있다면, 많은 것을 얻을 수 있다. 실제로는 문제의 책임이 자신에게 있지 않은 경우도 마찬가지다. 내 고객 가운데 한 명인 롭은 유럽에 본사를 둔 대형 투자회사의 뉴욕 지사에서 일했는데, 브라이언이라는 출중한 직원 때문에 고민하고 있었다. 브라이언은 조직의 수익에 크게 기여해서 롭에게 인정받는 직원이었는데, 보너스 문제로 기분이 몹시 상해 있었다. 여러 정치적 문제가 얽혀 회사에 기여한 가치가 무시된 것이다. 브라이언은 2만 5,000달러 정도의 보너스를 못 받았다. 롭은 브라이언이 정당한 대가를 받지 못했다고 확신했기 때문에, 모자란 부분을 개인적으로 보상해주기로 했다.

롭의 결정에 감동한 사람도 있었지만, 대부분 깜짝 놀랐다. 얼마 지나지 않아 사람들이 롭의 훈훈한 마음을 호의적으로 보기 시작했고, 결국 롭은 승진했다. 롭은 결과적으로 급여와 보너스가 크게 올라 브라이언에게 썼던 돈이 50배로 되돌아왔다고 이야기해주었다.

비난을 감수하라, 큰 보상이 돌아온다

일부 리더들은 대중의 이목이 집중된 상황에서 책임을 받아들이는 행위가 얼마나 도움이 되는지 힘겹게 깨닫는다. 블로그, 페이스북, 트위터 등으로 순식간에 정보가 오가는 인터넷 시대에 조직은 소비자를 따라야 한다. 소비자는 실시간으로 조직을 이뤄 기업의 과실이나 기만적인 행위를 규탄한다. 이제 기업의 리더는 소비자가 무엇에 몰리든 거기에 조직의 역할이 있음을 인정해야 한다.

앤드루 그로브Andrew Grove는 인터넷 시대에 성공적으로 적응한 초기 리더 가운데 하나였다. 그는 인텔의 전직 최고경영자이자

회장으로 역사상 가장 영리하고 성공한 기업인이다. 그로브가 이끌었던 1987~1997년 인텔의 시장가치는 180억 달러에서 1,970억 달러로 상승했다. 인텔은 한동안 전 세계에서 가장 가치가 높은 기업이었다.

인텔이 계속 흑자를 내고 요즘도 좋은 평가를 받는 데는 그로브가 1994년 '펜티엄 오류 위기 사태'에 잘 대처한 것의 영향도 있다.[5] 인텔은 컴퓨터의 두뇌라 할 수 있는 펜티엄 마이크로 프로세서 칩의 성공에 승부를 걸었다. 업무의 우선순위를 명확히 하기 위해 인텔 내에서는 펜티엄 칩의 출시를 '1번 업무Job 1'라고 불렀다. 하지만 1994년 10월 린치버그대학교의 수학 교수 토머스 나이슬리 Thomas Nicely가 펜티엄 칩에 결함이 있어 오류를 일으킨다고 밝혔다. 인텔은 90억 번에 1번 꼴로 반올림 오류가 발생하는 그 결함에 대해 알고 있었지만, 사용자 대부분에게 영향을 미치지 않는다고 판단했다. 인텔은 일반적인 사용자가 스프레드시트를 2만 7,000년 사용하면 한 번 꼴로 오류가 발생하는 정도라고 주장했다.

인텔은 원하는 고객에 한해서 개별적으로 교환해주는 방법을 고려하겠다고 발표했다. 하지만 교환해야 하는 사유를 고객이 증명해야 한다고 고집했다. 그로브를 비롯한 인텔 직원들은 펜티엄 칩의 결함이 특별히 문제 되지 않는다고 생각했다. 그들은 컴퓨터 제조업체와의 거래에는 익숙했지만, 일반 고객과의 거래에는 경험이 거의 없었다. 인텔은 펜티엄 칩의 결함은 그다지 중요한 문제가 아니니 적당히 넘기면 해결될 거라고 예상했을지도 모른다. 하지만 나이슬리는 자신이 발견한 내용을 인터넷에 올렸고, 언론이 앞다투어 이를 다뤘다. 전 세계가 '펜타버그Pentabug' 이야기에 열을 올리기 시작했다. 인텔이 알면서도 결함이 있는 제품을 소비자에게 판매했다고 비꼬았다. 인텔은 텔레비전 코미디 프로그램의 소재로 빈번하게 등장하기 시작했고, '인텔에서 품질은 0.99989960954번 업무'라고 비꼬는 말도 나왔다. 12월 중순 IBM이 인텔 인사이드Intel Inside 로고가 붙은 컴퓨터의 출하를 중단하면서 고비가 닥쳤다. 인텔의 주가는 급락하기 시작했다.

그로브는 평소 그가 말하는 '변곡점'에 이르렀다고 생각했다. 앞으로 회사의 신용은 펜티엄 칩의 결함에 어떻게 책임을 지는지에 달려 있었다. 책임을 지기 위해서는 공개적인 사과와 4억 7,500만 달러가 필요했다. 이 비용은 시장에 출하된 수십만 개의 칩(개당 495달러)을 모두 교환해주는 데 필요한 비용이었다. 그로브는 공개적으로 사과했다. "인텔은 오늘 펜티엄 프로세서 최신 버전에 대해 아무런 조건 없이 교환해주는 정책을 실시합니다. 이전 정책은 사용자에게 프로세서 교환을 원하는지 결정하도록 하는 것이었습니다. 일부 사용자에게는 이 정책이 오만하고 소비자를 신경 쓰지 않는 것으로 보인 것 같습니다. 사과드립니다."[6]

그로브는 고객 전담 직원 수백 명을 고용해서 고객의 요구를 처리하고 인터넷과 뉴스 그룹(인터넷 게시판의 초기 형태-옮긴이)에 떠도는 소문에 귀 기울이며 인텔과 관련된 글에 적극적으로 대응했다(얄궂게도 펜티엄 칩과 관련된 온갖 소동에도 불구하고, 칩 교환과 관련해서 실제로 이의를 제기한 소비자는 극소수였다). 결과적으로 인텔은 1995년 출시 예정한 펜티엄 칩 다음 모델의 주문을 그대로 유지할 수 있었다.

그로브는 펜티엄 위기 사태를 통해서 좀 늦긴 했지만 책임과 비난을 감수하는 것이 얼마나 큰 보상으로 돌아오는지, 적어도 적극적인 대응이 기업 이미지에 더 큰 피해를 입히지 않는다는 사실을 깨달았다. 그로브는 4억 7,500만 달러가 엄청난 금액(펜티엄의 5년간 총광고비에 달한다)이긴 하지만 인텔이 실수를 인정하고 책임지겠다는 의사를 보이지 않았다면 얼마 지나지 않아 경영인으로서의 삶을 마감할지도 모른다고 생각했다. 그로브가 깨달은 것은 회사가 책임을 회피할수록 문제는 점점 커진다는 점이었다. 그는 『승자의 법칙 Only the Paranoid Survive』에서 당시를 이렇게 회상했다. "나야말로 펜티엄 위기가 무엇을 의미하는지 모르는 사람이었다. 끊임없이 비판이 이어지고 나서야 세상이 바뀌었다는 것을 깨달았다. 우리는 새로운 환경에 적응해야 했다."[7]

하지만 책임을 감수하고 문제를 해결하기 위해 필요한 조치를 취하며 위기에 잘 대처한 결과 브랜드 가치는 오히려 높아졌다. 인텔이 이전의 결정을 후회한다는 사실은 분명했다. 그 당시 유행하던 농담은 그런 사실을 잘 말해준다. "인텔에서 칩이 새로 나왔대. 이름이 리펜티엄repentium(후회하다repent와 펜티엄pentium의 합성어-옮긴이)이라는군." 하지만 그로브가 환경 변화를 깨닫고 기존의 부인 전략 대신, 결함 있는 제품을 출시한 책임과 결함의 심각성을 제대로 인정하지 않았다는 책임까지 감수했기 때문에 인텔은 소비자와 언론의 신뢰를 되찾을 수 있었다.

리더도 실수할 수 있다

협력과 신뢰의 문화를 확립하기 위해서 조직의 리더는 몸소 불완전함과 실수를 인정하는 모습과 끊임없이 개선하려는 모습, 개방적인 모습을 보여야 한다. 조직 개발 분야의 창시자 격인 에드거 샤인에게 조언을 구한다면, 샤인은 위대한 리더들은 실수에서 학습하는 조직을 건설하기 위해 자신에게 쏟아지는 비판을 마다하지 않는다고 답할 것이다. 『하버드비즈니스리뷰』에서 샤인은 이렇게 언급했다.

내가 강조하고 싶은 것은 리더 자신이 학습하지 않으면, 그래서 자신의 취약점과 불확실성을 인정하지 않는다면, 변화를 일으킬 학습은 절대로 일어나지 않는다는 점이다. 리더가 진정한 학습을 해서 본보기가 되어야 타인에게 심리적인 안정감을 주는 환경을 조성할 수 있다.[8]

샤인이 말하고자 하는 바는 단순하다. 기업의 사장을 비롯한 어느 누구도 학습이 필요 없을 정도로 권력이 있거나 약점이 없지 않다는 것이다. 누구나 기꺼이 위험을 감수하고, 그 과정에서 실수를 저지르고 그에 따른 비난을 받아들여야 한다.

이 방법은 짐 콜린스가 『좋은 기업을 넘어, 위대한 기업으로』에서 주장한 것이다. 질레트, 킴벌리클라크, 웰스 파고 등 15년 동안 경쟁 기업을 압도했던 기업의 공통점은 콜린스가 단계5의 리더십(극단적인 겸손함과 강렬한 직업적 의지의 결합)이라고 명명한 리더십을 갖춘 리더가 이끌었다는 것이다. 콜린스에 따르면, 이런 리더는 "절대 비현실적인 영웅이 되려고 하거나, 존경받는 위치에 올라 다가가기 어려운 상징적인 존재가 되려고 하지 않았다. 평범해 보이지만 묵묵히 비범한 성과를 내는 사람들로 보였다." 반면 자신은 학습할 필요가 없다고 생각하는 리더들은 "과거 실적이 좋았던 때의 이미지를 지키기 위해서 무슨 일이든 한다. 자신들이 얼마나 통찰력이 있는지 보이려고 앞에 나서고, 자신의 결정이 잘못되었을 때는 다른 사람에게 책임을 돌린다." 이는 콜린스가 위대한 기업이라고 말한 기업들보다 실적이 크게 뒤처진 경쟁 기업의 자기중심적 대담형 리더의 경영 철학이다.[9]

경쟁 기업의 리더들이 수입 재료의 가격부터 부하 직원의 과실까지 모든 일에 끼어들어 사사건건 비난했던 반면 작고한 필립모리스 회장인 조 컬먼Joe Cullman 같은 단계5의 리더는 일이 잘못되면 기꺼이 '거울을 들여다보며' 자신에게 책임을 돌렸고 일이 잘되면 '창밖을 내다보며' 공로를 나누었다. 컬먼이 세븐업을 매수하는 실수를 저질렀을 때(나중에 손해를 보고 매각했다) 자신의 오판에 대한 책임을 달게 받았고 매수 당시 만류했던 사람들을 칭찬하는 것을 잊지 않았다. 컬먼은 이렇게 말하면서 회사 분위기를 확립했다. "오판에 대한 책임은 제가 지겠습니다. 하지만 비싼 수업료를 치른 만큼 배우는 것은 우리 모두의 책임입니다."[10]

열린 자세가 리더와 조직을 살린다

학습에 충실하려면 리더가 건설적인 비판에 마음을 열어야 할 뿐 아니라 적극적으로 나서서 비판을 요청해야 한다. 거대 제약기업 화이자의 전임 최고경영자이자 회장이었던 행크 매키넬Hank Mckinnell은 유능한 리더 역할을 수행하도록 도와주는 경영 자문 코치와 함께 일한다고 말했다. 자신감이 넘치기로 유명했던 매키넬은 경영 자문 코치 덕분에 사람들이 자기 생각을 다 말하기도 전에 말을 끊어버리는 습관을 버리게 되었다고 했다. 매키넬은 『비즈니스위크』에서 말하길, 경영 자문 코치와 일한 후부터 직원들에게 의견을 말해달라고 부탁하게 되었고 남이 하는 질문을 끝까지 들은 다음, 잠시 멈추었다가 대답하는 법을 배웠다고 했다.[11]

'360도 피드백'이라는 용어가 널리 알려진 것은 최근이지만, 기업에서 평가 및 피드백 시스템을 하위 직급의 직원에게만 적용하는 경우가 지나치게 많다. 서던캘리포니아대학교 교수인 에드워드 롤러Edward Lawler와 크리스토퍼 윌리Christopher Worley가 『Built to Change: 성공하는 조직의 습관들』에서 지적했듯이 고위 임원들이 평가받는 경우는 거의 없는 데다 그들은 부하 직원을 평가하지도 않는다. 이 말은 "직원이 역할 모델로 삼을 만한 임원을 찾지 못하고, 임원은 그들의 실적에 책임을 지지 않는다"[12]는 뜻이다.

델의 창립자인 마이클 델Michael Dell은 직원들이 자신과 자신의 리더십에 대해 어떻게 생각하는지 알고 싶어 하는 것으로 유명하다. 고위 임원은 대부분 업무 평가를 받기보다 하는 것을 선호하지만 델은 평가 시스템을 구축해 임원에게뿐만 아니라, 다양한 직급의 직원에게 업무 평가를 받았다. 평가 시스템을 구축하는 것과 평가 시스템의 결과에서 배우려는 의지를 보이는 것은 별개의 일이다. 델은 개인적인 평가를 성장의 기회로 이용했다. 예를 들어 평가 시스템에서 조직 구성원들이 델 회장이 직원들과 정서적 교류를 하지 않는다는 결과가 나오자, 델은 부인하거나 왜곡해서 자존감을 지키려 하지 않고, 정면으로 부딪쳤다. 롤러와 윌리를 인용하자면 다음과 같다.

델은 즉시 최고경영진을 모아 놓고 솔직하게 자기비판을 했고, 자신이 매우 낯을 가려서 냉담하고 다가가기 어려워 보이는 것이라고 인정했다. 그는 앞으로 변화한 모습을 보이겠다고 맹세했고, 이 약속을 지키기 위해 맹세하는 모습을 담은 영상을 회사의 모든 관리자에게 보여주었다. 책상 위에는 상징적인 물건을 놓아두고, 변하겠다고 한 약속을 잊지 않도록 했다. 이를테면 불도저 모형을 책상 위에 놓아두고서, 테스트도 하지 않은 아이디어를 밀어붙이지 않겠다고 한 약속을 잊지 않으려고 했다.[13]

델은 행동으로 모든 직원에게 메시지를 보냈다. 내 이름이 들어간 회사지만 나 역시 실수나 개인적인 한계를 느끼며 학습하고 개선할 책임이 있다는 메시지였다. 마셜 골드스미스Marshall Goldsmith의 말대로, "최고경영진이 리더들을 발전시키고 싶다면 두말할 것 없이 스스로 발전하는 방법이 최고다. 본보기를 보이는 리더십은 언론에 잘 보이기 위한 리더십보다 의미가 훨씬 크다."

식품기업 제너럴밀스의 전직 최고경영자 스티브 생어Steve Sanger는 직원들에게 다음과 같은 메시지를 보냈다.

모두 아시겠지만 작년 제 팀원들은 제가 그들을 더 잘 코칭해야한다고 했습니다. 저는 방금 제 360도 피드백을 읽어보았습니다. 지난 1년 동안 저는 더 좋은 코치가 되려고 노력했습니다. 여전히 원하는 만큼 잘하진 못하지만 이전에 비해 훨씬 좋아졌습니다. 동료들은 제가 발전하도록 도와주고 있습니다. 또 한 가지 기쁜 점은 올해 '피드백에 효과적으로 대응하기' 점수가 훨씬 올랐다는 것입니다.[14]

미국의 최고경영자들만 피드백과 학습의 힘을 받아들이는 것은 아니다. 인도 델리 외곽 지역인 노이다에 본사를 둔 국제적 IT 서비스 기업 HCL 테크놀러지의 최고경영자인 비닛 나야르Vineet Nayar는 급성장하는 업계에서 열린 리더십의 모범적인 예를 보여주었다. 나야르는 『뉴욕타임스』와의 인터뷰에서 직원 5,000명에 연간 매출이 20억 달러에 달하는 기업으로 키우는 데 가장 크게 기여한 것은 두 가지라고 말했다. 리더십의 질서를 거꾸로 뒤집은 것과, 회사의 재무 지표부터 직원들의 건의 사항, 연간 업무 평가 등 모든 것을 인트라넷에 공개한 것이었다. 공개 목록에는 3,800명 관리자 중 일부가 익명으로 참여한 나야르 자신의 360도 피드백도 포함되었다. 나야르는 이를 '역책임reverse accountability'이라고 불렀다.[15]

오랜 시간 뉴욕 시장이었던 에드 코흐Ed Koch가 시가지를 돌아다니며 건설 노동자든 월스트리트 금융계 종사자든 누구에게나 자신이 요즘 시장 역할을 잘하고 있는지 물어본 것으로 유명하듯, 리더가 자신의 과실로 비난받을 곳에 가서도 자신이 잘하고 있는지 물어보는 용기를 드러낸다면, 공로를 가로채고 비난하는 문화가 아닌 학습하고 발전하는 문화를 확립할 수 있을 것이다.

파시스트형 리더의 몰락

유감스럽게도 일부 리더는 꿋꿋하게 피드백을 얻으려고 하지 않고 받아들이려고도 하지 않는다. 독일 출신 사회학자이자 철학자 테오도어 아도르노Theodor W. Adorno는 『권위주의적 성격The Authoritarian Personality』에서 권력을 쥔 파시스트형 리더는 자신이 사회적·도덕적 규범이라고 생각하는 것에 무조건 복종하고 무비판적으로 따르라고 요구하기 쉽다고 주장했다.[16] 어떤 리더가 파시스트형인지 알아보려면 아도르노의 'F 테스트F-scale'를 받아보라고 하면 된다. 물론 실제로 권유하기는 쉽지 않을 것이다. 이 테스트는 다음과 같은 문장으로 이루어져 있다. "권위에 대한 복종과 존경심은 아이들이 배워야할 가장 중요한 가치다", "이 나라에 가장 필요한 것은 법이나 국정 계획이 아니라 사람들이 믿고 따를 만한 용감하고 지칠 줄 모르는 헌신적인 지도자다." 이런 주장에 깊이 공감해서 높은 점수를 받은 사람은 권위주의적 공격 성향을 띠는 경우가 많고, 이런 리더와 같은 조직에서 일하는 사람은 정해진 규범을 어긴 사람을 배격하고 거부하고 비난하게 된다. 파시스트적 사고방식에는 흑백을 가르는 객관적 진실이 존재하며, 사람들은 아무 의심 없이 이 진실을 믿고 미세한 생각의 차이를 인정하지 않게 된다.

모든 조직의 리더는 답답하게 느껴지는 반대 의견을 무시하고 질서를 잡기 위해 닫힌 접근법을 쓰고 싶은 유혹에 맞서야 한다. 리더가 그런 유혹에 굴복해서 권위주의자가 된다면 부하 직원들은 리더의 비위를 맞추기 위해 지시한 명령을 글자 그대로 따르려고 하지 그 명령에 포함된 의도를 이해하려고 하지 않을 것이다. 역설적이게도, 부하 직원이 리더를 무서워하며 비위를 맞추려 할수록 리더가 실제로 원하는 결과가 나올 가능성은 낮아진다.

리더는 어떻게 오해받는가?

닫힌 리더는 부하 직원이 지시 사항을 완수하지 못하면, 부하 직원의 잘못 때문이라고 생각한다. 열린 리더는 자신이 무엇을 기대하는지 부하 직원이 명확하게 이해하지 못했기 때문이라고 생각한다.

대중적으로 널리 알려진 말 가운데 실제로는 그 상황에서 나오지 않은 말도 있다. 이를테면 "그 곡을 다시 연주해 줘요, 샘"이라는 대사는 영화 〈카사블랑카Casablanca〉(1942)에 나오지 않는다. "휴스턴, 문제가 생겼다Houston, we have a problem"라는 말은 영어권에서 위험한 상황을 상징하는 말이 되었지만 아폴로 13호의 승무원들은 이 말을 한 적이 없다. 지휘관 제임스 러벌이 했던 말은 "휴스턴, 문제가 있었다Houston, we've had a problem"였다. 우리는 실제로 하지 않은 말을 듣거나 들었다고 기억하는 경우가 많다. 나는 "집중적인 목표를 위해for all intensive purpose"라는 표현을 자주 사용했는데, 이 말이 사실은 "모든 점에서for all intents and purposes"라는 것을 깨달은 적이 있다. 이렇게 말을 잘못 알아듣는 것을 '몬더그린mondegreen 현상'이라고 한다. 시나 노래 가사의 구절을 잘못 듣거나 엉뚱하게 해석해 전혀 다른 의미가 생길 때 쓰는 말이다. 이 말을 만들어낸 사람은 미국 작가 실비아 라이트Sylvia Wright로, 1954년 「레이디 몬더그린의 죽음The Death of Lady Mondegreen」이라는 에세이에서 처음 몬더그린이란 말을 썼다.

라이트는 어린 시절 17세기 발라드 〈보니 얼 머리The Bonnie Earl O' Murray〉를 들을 때, 마지막 문장 "그리고 그를 풀밭에 눕혔네And laid him on the green"를 "레이디 몬더그린Lady Mondegreen"으로 잘못 알아들었다고 한다. "그때 이후로 나는 잘못 알아들었지만 원래보다 좋은 말을 몬더그린이라고 불렀다. 누구도 이보다 좋은 단어를 생각해내지 못했기 때문이다."[17]

어느 조직이든 일종의 몬더그린 현상을 겪는다. 리더가 말한 것이 항상 제대로 전달되거나 이해되지 않는다는 사실을 깨닫는 것은 리더에게 도움이 된다. 리더들은 대개 자신이 꽤 명확하게 소통하고 있다고 과신하기 때문이다. 리더십 프로그램에 참석한 적이 있는데, 강사는 우리에게 흥미로운 실험을 시켰다. 둘씩 짝을 지은 다음, 테이블을 두드리며 음악을 연주해서 파트너가 곡을 알아맞히는지 실험해보라고 했다. 놀랍게도 〈생일 축하합니다〉나 〈작은 별〉 같이 쉬운 곡도 제대로 알아맞히지 못했다. 두 사람 이상이 소통할 때 오해가 생기는 것은 직장이나 집, 친구 사이 등 어디서나 일어나는 일이지만 직장에서는 인정과 비난의 역학 관계 때문에 문제가 훨씬 심각해질 수 있다.

다음 사례에서 리더와 부하 직원 사이에 소통의 단절이 어떻게 나타나는지 살펴보자. 윈스턴 처칠Winston Churchill은 부하에게 "벌린 좀 데려와"[18]라고 시켰다. 처칠 생각에 '벌린'은 당연히 철학자 이사야 벌린Isaiah Berlin이었다. 벌린은 10시에 다우닝가에 도착했고, 지식인의 고견을 듣고 싶었던 처칠은 요즘 무슨 일을 하느냐고 물었다. "〈화이트 크리스마스〉라는 곡입니다"라는 대답에, 처칠은 그제야 부하가 데려온 사람이 이사야 벌린이 아니라 작곡가 어빙 벌린Irving Berlin이라는 것을 깨달았다.

FBI 국장 존 에드거 후버John Edgar Hoover도 기밀문서를 읽다가 비슷한 일을 겪었다. 후버는 모든 FBI 문서를 표준에 맞춰 여백을 넓히라고 지시했는데, 문서 작성자가 정해진 페이지 안에 모든 내용을 담으려다보니 여백을 너무 좁혀서 읽기 불편했다. 후버는 짧게 코멘트를 남겼다. "가장자리border(국경이라는 뜻도 있다—옮긴이)를 잘 확인할 것!" 그는 이 쪽지를 보고서에 클립으로 고정해서 비서관에게 전달했다. 부하 직원들은 국경을 잘 감시하라는 명령이라고 생각하고 전국의 FBI 요원에게 하던 일을 멈추고 어느 국경인지도 모른 채 캐나다와 멕시코 국경으로 가라고 지시했다.[19]

리더가 원하는 결과를 얻고 싶다면 자신이 말한 내용을 정확히 알아야 하고, 의도한 바와 다르게 해석될 수 있다는 사실을 알아야 하며, 지시한 내용을 확인하려는 사람을 비난하지 않고 오히려 인정한다는 것을 분명히 알려야 한다. 상투적으로 들리겠지만 리더가 부하 직원들이 지시받은 내용을 제대로 이해했는지 확인하는 '적극적 경청'은 조직에서 몬더그린 현상을 방지하는 가장 좋은 방법이다.

나는 머리Murray라는 임원을 코칭한 적이 있다. 이메일을 8번이나 주고받고서야 그가 말하려는 바를 명확하게 공유할 수 있었다. 내가 보낸 메시지를 상대편이 어떻게 받아들일지 알기란 무척 어렵다. 주의 깊은 리더는 상대방이 잘못 이해했다고 바로 비난하지 않는다. 대신 메시지가 제대로 전달되었는지 확인하는 것이 자신의 임무라고 생각한다.

학습하는 문화를 만드는 방법

리더가 비난에 어떤 자세를 취하느냐에 따라 팀이나 부서, 혹은 조직 전체에 학습하는 문화가 생기기도 하고 그렇지 않기도 한다. 폴 B. 캐럴Pual B. Carroll과 춘카 무이Chunka Mui가 『위험한 전략 Billion-Dollar Lessons』에서 전 IBM 회장인 토머스 왓슨 주니어Thomas Watson Jr.에 관해 들려준 일화를 살펴보자. 1960년대 IBM을 이끈 왓슨은 1,000만 달러를 투자한 벤처 회사를 날린 임원을 사무실로 불렀다. 임원이 사무실로 들어오자 왓슨이 물었다. "내가 왜 불렀는지 알겠나?" 다혈질로 유명했던 왓슨이었기에 임원은 "저를 해고하시려고 부르셨겠죠"라고 대답했다. 하지만 왓슨의 말은 달랐다. "해고라니? 자네를 교육하는 데 1,000만 달러가 들었어. 제대로 배웠는지 확인하려고 불렀네."[20]

스케일드 컴포지트의 최고경영자인 앨버트 버트 루탄Elbert Burt Rutan 역시 학습하는 조직을 육성하는 데 관심을 기울여왔다. 스케일드 컴포지트는 캘리포니아주 모하비에 기반을 둔 직원 수 125명의 첨단기술기업이다. 루탄은 우주여행을 꿈꾸었던 베르너 폰 브라운의 정신을 이어받아 민간 기업으로서는 최초로 스푸트니크 1호의 발사 47주년 기념일에 우주 공간을 비행하는 데 성공했다. 루탄과 그의 팀은 현금 1,000만 달러를 상금으로 걸었던 안사리 X 프라이즈를 수상하는 개가를 올렸다. 그들의 성공은 루탄과 그의 롤 모델 브라운의 우주여행에 대한 열정 때문만은 아니었다. 루탄이 사람들의 희생 없이 우주여행을 하려면 실수를 통해 학습해야 한다는 필요성을 이해했기 때문이었다. 잡지 『주식회사Inc.』의 '2004년의 기업인'으로 루탄이 선정되었을 때 데이비드 프리드먼David Freedman 이 쓴 루탄의 프로필이다.

> 루탄은 스케일드 컴포지트 직원이 자신이 저지른 실수를 알리면 칭찬해야지 질책해서는 안 된다고 말한다. 그리고 만들어 보기도 전에 설계도를 철저히 분석하려 하지 말라고 한다. 루탄은 사람들에게 우선 첫 번째 모델을 빨리 만들고 나서 테스트하고 고치라고 독려한다. 수석 엔지니어 매튜 지온타는 이렇게 말한다. "테스트는 실패하기 마련이지만, 실패하면 이해하게 된다."[21]

나는 해도 되지만 너는 안 돼

겸손은 진정 위대한 리더의 가장 강력한 자질이다. 위대한 리더는 자신에게도 남들과 똑같은 기준을 적용해 본보기를 보인다. 리더가 그런 모습을 보이면 헌신하려는 마음과 단결심, 충성심이 고취된다. 믿음직한 리더가 만든 공과 평가 기준은 조직 전체에 긍정적인 영향을 미친다. 하지만 유감스럽게도 많은 리더가 자신에게는 남과 다른 기준을 들이대거나 남에게 요구하는 행동이나 가치를 솔선수범하지 않는다. 본보기의 힘을 과소평가해서는 안 된다.

2007년 1월 리처드 노블Richard Knoebel은 위스콘신주 키와스컴

도심에 있는 사무실로 출근하고 있었다. 운전 중에 갑자기 트럭 한 대가 접근했다. 노블은 트럭을 쳐다보느라 반대편에 스쿨버스가 비상등을 깜빡이며 정지해 있는 것을 미처 보지 못했다(미국에서는 스쿨버스가 정지해 있을 때, 반대 차로에 있는 차도 정지해야 한다–옮긴이). 경찰이 없어서 범칙금을 물지 않은 것은 천만다행이었다. 왜냐하면 노블은 밀워키에서 80킬로미터 정도 떨어진 작은 마을의 경찰서장이었기 때문이다. 하지만 노블은 자신에게 범칙금을 부과했다. 벌금만 235달러에 벌점도 4점이나 되었다. 노블이 자신에게 범칙금을 부과했다는 소문이 퍼졌다. 그는 지역 신문과의 인터뷰에서 이렇게 말했다. "누구라도 정지해 있는 스쿨버스를 보고 정지하지 않았다면, 딱지를 뗐을 겁니다. 그러니 저라고 다르면 안 되겠죠."[22]

이 이야기는 리더에게 필요한 원칙의 힘을 잘 보여준다. 노블은 직관적으로 본보기의 힘을 잘 이해하고 있었기에 그냥 지나칠 수도 있었을 자신의 행동에 기꺼이 책임을 졌다. 리더가 다른 사람과 같은 기준을 적용한 다른 사례로 항공방위업체 노스럽 그러먼의 전임 회장 켄트 크레사Kent Kresa의 사례가 있다. 마셜 골드스미스는 크레사가 본보기 경영을 통해 파산 직전의 회사를 매출 280억 달러의 흑자 기업으로 성장시켰다고 평가했다.

크레사는 자신이 기대하는 규범과 가치, 행동이 무엇인지 명확하게 상대에게 전달했다. 자신 역시 똑같은 기준으로 평가받는 것을 명확하게 보여주며, 끊임없이 동료에게 관심을 보였다. 리더들을

키우기보다는 리더들이 자신을 발전시키도록 환경을 조성했다.[23]

본보기 리더십의 가치를 이해한 또 다른 리더로 제록스의 최고경영자 어설라 번스Ursula Burns도 있다. 번스는 대기업을 이끈 최초의 흑인 여성으로 제록스에서 30년 이상 근무했다. 번스가 높은 자리까지 오를 수 있었던 것은 임원을 보조하는 일을 기꺼이 수행하며 회사의 고위 임원을 접할 기회를 얻었을 뿐만 아니라 그녀의 재능과 인성을 고위 임원들에게 알릴 수 있었기 때문이었다.

회사의 임원들이 번스를 수년간 접하면서 알게 된 것은 그녀가 늘 자신의 의견을 상사나 동료에게 자신 있게 표현한다는 점이었다. 그리고 번스는 그 때문에 해고가 아닌 승진을 했다. 번스는 피드백과 조언을 열린 마음으로 주의 깊게 경청했고 차근차근 자신의 능력을 키웠다. 번스가 정상에 오르기까지 깨달은 점이 여럿 있었다. 그중 하나는 전략적으로 타인의 공로를 인정하면 협력을 강화하고 책임감을 키울 수 있다는 것이었다. 전임 회장 폴 얼레어Paul Allaire가 번스에게 전해준 통찰은, "아직 아이디어가 없는 사람도 칭찬해주면, 주인 의식이 생긴다"였다. 번스는 제록스 직원들에게 '결정'하고 '실행'하기를 강하게 촉구했다. 실수를 저지를까봐 걱정하지 말고, 회사의 성장을 위해서는 위험을 감수해도 좋다는 의미였다.[24]

번스가 회장으로 재임하는 동안 보여주었던 가장 인상적인 자질은 겸손함으로, 짐 콜린스마저 찬사를 아끼지 않았다. 최고경영자로 임명을 받은 후, 번스는 세계적인 주목을 받았지만 개인적으로 그녀의 공로를 치하하는 말에 휩쓸리지 않았다. 번스는 자신에 대한 관심보다는 회사에 관심이 집중되길 바랐다. 『뉴욕타임스』는 다음과 같이 전했다.

> "아무런 일도 하지 않았는데 놀랍게도 너무 많은 칭찬을 받았다. 최고경영자가 된 후, 말 그대로 어디서나 내 이름이 들렸다"라고 번스는 말했다. "어필리에이티드 컴퓨터를 합병한 것을 제외하면 내가 한 게 뭐가 있죠? 처음 30일 동안 난 대부분의 '가장 인상적인 OOO' 후보 명단에 올랐어요. 칭찬을 듣고 5분 정도는 기분이 좋지만, 실제 주인공이 받아야 할 영광을 빼앗는 기분이에요. 진짜 주인공은 어설라 번스가 아니에요. 저는 우연히 지금 이 순간 제록스를 대표하고 있을 뿐이에요."[25]

번스는 세계에서 가장 거대한 기업을 이끌고 있지만, 번스의 이웃들은 그녀가 동네 식료품점에서 음식을 사는 모습을 볼 수 있다. 출장을 마치고 공항에 도착하면 그녀는 직접 차를 몰고 집에 갔다. 번스는 최고경영자 역할을 진지하게 생각한다. 그녀는 자신이 무엇을 하고 무엇을 하지 않는지가 전 직원에게 본보기가 된다는 사실을 잘 안다.

겸손함이 리더십에 도움이 되는 이유는, 부하 직원의 비판을 수용하게 해줄 뿐 아니라 정당하게 비난하는 부하 직원을 인정하게 해주기 때문이다. 제임스 차일스James Chiles는 『인간이 초대한 대형 참사Inviting Disaster』에서 1968년 우주 비행사 월리 시라Wally Schirra가 아폴로 7호를 방문한 이야기를 들려준다. 시라는 이번에 우주여행을 하면 세계 최초로 3번째 우주여행이라는 기록을 세울 인물이었다. 노련한 조종사였던 시라는 비행하기 전 기체를 둘러보는 습관이 있었기 때문에 조종석으로 올라가 아무것도 건드리지 않도록 조심하며 주위를 둘러보았다. 하지만 입구를 통과하기 위해 몸을 숙이다가 무심코 전선 다발 위에 무릎을 꿇고 말았다. 한 여직원이 우연히 이를 발견하고 불같이 화를 내면서 시라의 뺨을 때렸다. "함부로 그 선 건드리지 마! 3명이나 목숨을 잃었다고!"

그 3명이란 거스 그리섬Gus Grissom, 에드 화이트Ed White, 로저 채피Roger Chaffee였다. 이들은 1967년 1월 발사대 화재로 아폴로 1호가 파괴되면서 목숨을 잃었다. 시라는 화를 내거나, 자신의 지위를 이용해서 여직원을 그 자리에서 해고할 수도 있었다. 그 여직원은 그가 누구인지 깨닫자 몹시 당황하며 미안해했다. 하지만 시라는 반사적으로 행동하는 대신 그녀에게 한 가지 약속을 했다. "당신 같은 사람이 이 우주선에서 일해야 합니다." 시라는 그녀의 열정과 헌신에 감사의 마음을 전했다. 자신이 실수를 저질렀고 그녀가 한 행동이 자신의 안전을 위해서였다는 것을 알았기에 그녀의 비난을 인정한 것이다.[26]

우리는 때로 남의 비난에 지나치게 감정적으로 반응한다. 하지만 우리는 과잉 반응 충동을 자제하려고 애써야 한다. 잠시 일을 멈추고 그들이 나를 비난하는 이유를 추론해봐야 한다. 훌륭한 리더는 시라가 그랬던 것처럼 비난하는 사람의 사회적 지위에 상관없이 임무 달성에 도움이 되는 행동이라면 인정하고, 임무를 위험에 빠뜨리는 행동은 비난받아야 한다는 메시지를 전달한다.

아이젠하워나 토머스 왓슨, 번스 같은 리더의 행동이 조직에 미치는 영향을 자세히 살펴보면, 상징적이고 실질적이며 구조적인 방법으로 조직에 발생할 수 있는 비난의 역학 관계를 변화시키려 했다는 것을 알 수 있다. 훌륭한 지도자들은 협력과 공익을 위한 것이면 안심하라는 신호를 보낸다. 자신도 남과 똑같은 기준에 맞춰 책임을 지고, 피드백을 적극적으로 요청하며 비난도 감수해서 업무 능력을 높인다. 조직 문화를 바꾸려는 리더는 자신의 실수를 기꺼이 고백하는 직원을 높이 평가해서 환경에 적응하는 문화를 조성하고 지속시킨다. 또한 이기적으로 행동하는 사람에게는 불이익을 주고, 비난보다 개선을 위해 애쓰는 사람에게는 보상을 해준다.

리더가 본보기를 보여주는 데 실패하면 조직원들은 개선보다 비난이 이롭다고 생각하게 된다. 리더가 인정과 비난의 역학 관계를 주의 깊게 살피고 개선해서 꾸준히 협력과 개방성, 책임감 등을 함양하는 조직에서는, 모든 구성원이 주어진 업무에 집중하고 의욕을 가지고 목표 달성에 매진하게 된다. 무엇보다 소중한 시간과 에너지를 책임을 회피하는 데나 실수를 합리화하는 데 낭비하지 않는다.

7

조직을
바꾸는
21가지 방법

우리는 직장에서 다양한 비난 게임 상황을 마주하게 된다. 늘 내게 책임을 전가하려는 상사와 일하거나, 내가 받아야 할 공로를 가로채는 동료와 일할 수도 있고, 팀원들이 서로를 비난하는 고약한 환경에서 일할 수도 있다. 혹은 비난에 정신이 팔려 문제를 해결할 생각은 하지 못하는 팀장이 당신 자신일 수도 있다.

내가 지금까지 제공한, 직장에서 흔히 일어나는 문제에 대한 설명이 여러분이 현재 처한 문제(부하 직원이나 동료, 상사 등)에 대응하기 위한 전략을 세우는 데 도움이 되었으면 한다. 하지만 인정과 비난 문제를 처리하기 위한 맞춤 전략을 제공할 수는 없다. 왜냐면 직장에서 인정과 비난의 문제란 대단히 복잡하고 변수도 많아서 그 상황에 딱 들어맞는 해결책을 제시하기란 불가능에 가깝기 때문이다. 하지만 이번 장에서는, 직급에 관계없이 개인이 흔히 겪는 어려움을 이겨내는 방법, 파괴적인 비난의 악순환을 방지하거나 해결할 몇 가지 방법을 제시하고자 한다.

개인을 위한 방법

한발 물러나서 생각하기

누군가 비난을 퍼부어대거나 악의적으로 공로를 가로챘다면, 그가 상사든 동료든 가장 먼저 할 일은 한발 물러나서 감정을 가라 앉히고, 무엇 때문에 그 사람이 그렇게 행동했는지 곰곰이 생각해 보는 것이다. 모든 사람에게는 남에게 책임을 떠넘기려는 성향이 있다. 우리는 모두 어느 정도 남을 탓하도록 교육받고 자랐다. 그리고 대개 자기도 모르는 사이에 그런 행동을 한다. 그리고 나서는 그런 행동에 영향을 주었을 과거의 경험에 대해 생각해봐야 한다. 그가 그런 식으로 행동하는 이유는 무척 엄한 가족에서 자랐거나 그가 속한 문화의 사회화 과정 탓일 가능성이 높다.

어떤 요인이 인정과 비난에 대처하는 태도에 영향을 주었는지 정확히 파악하는 것은 거의 불가능하다. 동료에게 가정교육이나 가족 관계, 문화적 배경에 대해 시시콜콜하게 물을 수는 없기 때문이다. 하지만 그런 영향이 굉장히 크다는 것을 알고 있으면 그의 행동을 이해하거나 대처하는 방법을 터득하는 데 도움이 된다. 마찬가지로 기본 성격 유형과 성격의 하위 요인에 대해 생각해보는 것도 도움이 된다. 성격 때문에 일어난 일이니 그냥 넘어가자는 것은 아

니다. 하지만 사람들, 특히 상사가 부하 직원에게 보이는 행동에 대응하는 것은 까다롭기 때문에, 그런 행동을 하는 이유를 이해하면 긍정적인 방향으로 효과적인 전략을 세울 수 있다.

전략적으로 생각하기

까다로운 상사와 일할 때, 생산적으로 행동할 수도 있고 비생산적으로 행동할 수도 있다. 프리아와 로버트 컨스의 사례에서 볼 수 있듯, 인정을 받으려고 하거나 비난을 회피하려다 원하지 않는 선택을 할 위험에 처하기도 한다. 공로를 인정받으려고 언쟁을 벌이고 싶은 유혹을 참고, 실질적인 이익 대신 상징적인 인정을 받고 싶은 유혹을 이겨내는 것은 힘들지만 매우 유용하다. 전투에서 승리하지 못한다고 해서 전쟁에서도 승리하지 못하는 것은 아니다.

전략적인 시선으로 사태를 보면 이전과 다르게 실상을 볼 수 있다. 때로는 실제보다 많은 공로를 인정해주는 것이 도움이 되기도 한다. 앞서 살펴본 것처럼 사람들은 대부분 자신의 기여도를 과대평가한다. 마치 실제로는 같은 길이인 직선 둘이 착시 현상으로 다르게 보이는 것처럼 말이다. 이런 사실을 알면 남의 공로를 크게 인정해주는 게 쉬워진다. 내가 생각하는 것보다 타인의 공로가 클 가능성도 있다. 그렇지 않다고 하더라도 그와 공로를 나누어 교감할 수 있는 단초가 될 수도 있다. 신용 경색이 경기 침체를 유발하듯, 직장에 인정의 위기가 찾아오면 조직 내의 신뢰와 협력이 무너지기 쉽다. 내가 먼저 위험을 감수하고 타인과 공로를 공유하면 서

로 인정하는 분위기가 다시 돌아올 수 있다.

공로를 나누었음에도 여전히 아무런 반응이 없다면, 우선 내가 내린 결정이 올바른지 생각해본 다음, 내 생각을 밀어붙이기 전에 타인이 인정을 거부하는 이유를 생각해보라. 너무 급하게 밀어붙이는 것은 인정과 비난의 역학 관계를 악화시키는 가장 쉬운 방법이다. 부당한 역학 관계가 확실히 존재하더라도 상사에게 진실을 알리는 시기와 방법에 대해서는 조심스러워야 한다. 상사나 동료를 너무 강하게 밀어붙이면 상대는 비타협적이고 방어적으로 나올 수 있다. 섬세하고 장기적인 안목으로 접근해야 효과적일 뿐만 아니라 원한을 사거나 희생양이 되거나 뜻하지 않게 처벌받을 가능성을 줄일 수 있다. 젠나와 데이나의 이야기는 인내심을 가지고 섬세하게 접근하면 성공적인 결과를 얻을 수 있다는 것을 보여준다. 때로는 그저 상황이 흘러가도록 놔두는 것이 가장 좋은 전략이다.

내가 할 수 있는 것에 집중하라

자신의 인식이나 행동은 변화시킬 수 있지만, 타인의 인식이나 행동을 변화시키기는 어렵다. 자기 인식의 변화야말로 상황을 변화시킬 수 있는 필수적인 요소다. 운이 없어서 변화를 일으킬 수 없더라도 무엇을 포기해야 할지 판단하는 데 도움이 된다.

직장에서의 관계, 특히 상사와 부하의 관계나 동료 사이의 관계는 대개 정서적으로 복잡하게 얽혀 있다. 서로 화합이 잘 되는 좋은 환경일지라도 업무에서 발생하는 긴장으로 인해 어린 시절 겪었

던 비생산적인 관계가 튀어나오기도 한다. 스트레스가 심한 환경에서는 원시적 단계로 퇴행하기도 한다. 자신의 과거를 이해하는 것과 부정적인 모습을 보이는 이유를 이해하는 것이야말로 비난 게임의 덫에 빠지지 않는 가장 믿을 만한 방법이다.

성공한 사람들은 자주 자신의 인생 역정을 되돌아보며, 무엇 때문에 자신이 성공하게 되었는지에 대한 이야기를 아주 흥미롭게 풀어낸다. 이런 지각력을 키우면 경력에 큰 도움이 된다. 기억을 떠올리다보면, 성공을 가로막았던 과거의 모습으로 되돌아갈 뻔했던 순간을 마주할지도 모른다. 모든 사람은 각자 살아오는 과정에서 인정과 비난의 습관을 키워왔다. 이 습관은 좋을 수도 있고, 나쁠 수도 있다. 앞에서 살펴보았듯이 만성적으로 남에게 책임을 전가하는 습관에 빠진 사람은 자신의 경력이나 자신의 팀을 정상 궤도에서 벗어나게 할 수 있다.

자신의 성격을 분석하는 것도 인정과 비난 문제에 대한 새로운 관점을 얻는 데 도움이 된다. 빅 파이브 성격 차원을 알아보는 것은 자신의 성격을 이루는 여러 요소가 어떻게 상호작용하는지 파악해 자신의 행동을 설명하는 데 도움을 줄 것이다. 이러한 성격 차원들은 내가 다른 사람과 어떻게 소통하는지 설명해주고, 어떤 관계는 즐겁고 생산적인 반면 어떤 관계는 불쾌하고 괴로운지 이유를 파악하게 도와준다.

3장에서 설명한 빅 파이브 모델은 www.personal.psu.edu/j5j/IPIP/ipipneo120.htm에서 검사해볼 수 있다(워크넷[www.

work.go.krl의 직업심리검사 중에서 직업선호도검사[L형]의 성격검사를 참고할 수 있다-옮긴이).

위험 요소를 파악하라

내 성격을 이루는 기본 요소가 무엇인지 아는 것과 내게 어떤 문제를 일으킬 위험 요소가 있는지, 혹은 남에게 그런 문제 유형으로 비춰질지 평가해보는 것 역시 도움이 된다. 인정과 비난 유형 평가Credit and Blame Type Assessment, CBTA는 폴 코널리Paul Connolly와 함께 로버트 호건의 컨설팅을 받아 개발했고, 퍼포먼스 프로그램 사와 제휴해 출시했다. 퍼포먼스 프로그램 사의 홈페이지(performanceprograms. com/blamegame)에 접속하면 더 자세한 설명을 볼 수 있다.

업무와 관련해 내가 어떤 상태인지 기억한다면 직장에서 어려움을 겪을 때 문제적인 행동을 하지 않을 가능성이 높아진다. 진부하게 들리겠지만 잠을 충분히 자고 운동을 꾸준히 하며 식사를 제대로 하고 직장 밖에서 균형 잡힌 생활을 한다면 직장에서 겪는 시련과 어려움을 쉽게 극복할 수 있게 된다.

자신의 능력을 최대한 발휘할 수 있는 상사와 동료, 팀과 조직에서 일한다면 일할 의욕이 없어지거나 문제를 일으킬 가능성은 아주 낮아진다. 상사가 3장에서 설명한 문제적 유형에 속한다고 해도, 이를 통해 내가 선호하는 직장 생활의 유형이나 앞으로 만나지 않아야 할 상사의 유형에 대한 깨달음을 얻을 수도 있다. 다음은 몇 가지 예로, 서로 겹치는 부분도 있고 모든 유형을 포괄한다고 할 수는

없지만, 다양한 유형의 상사를 통해 당신에게 유독 해로운 상사를 알아볼 수 있을 것이다.

외벌형	**다혈질형: 변덕스러운 수호자** 안정적이고 예측 가능한 환경에서 일하는 것을 좋아하는 사람이라면 다혈질형 상사와 일하기 힘들다.
	신중형: 민감한 포기자 긴밀하게 협력하고 널리 인정받고 싶은 사람은 신중형 상사는 피하라.
	의심형: 조심스러운 관찰자 상사와 서로 믿고 열린 관계를 형성하며 조직 사이에 긴밀한 네트워크를 확립하고 싶다면 의심형 상사는 피하는 것이 좋다.
	여유형: 자기합리화하는 비난자 윗사람과 좋은 관계를 유지하며 도움을 받을 수 있는 상사를 원한다면 여유형 상사는 가까이하지 않는 편이 좋다.
무벌형	**대담형: 인기 스타** 상사에게 따뜻한 보살핌과 지원을 받고 싶다면 대담형 상사는 피하는 편이 좋다. 이들은 자기밖에 모를 가능성이 높다.
	민폐형: 위험 추구자 성실하고 믿을 수 있는 상사와 일하고 싶다면 이 유형은 무슨 일이 있어도 피해야 한다.
	은둔형: 무관심한 몽상가 팀을 위해 희생하는 카리스마 있는 상사나, 긍정적인 피드백을 줄 수 있는 상사를 원한다면 은둔형 상사에게 실망하기 쉽다.
	변화무쌍형: 배우 극적으로 전개되는 업무가 부담스럽다면 다른 상사를 찾는 편이 좋다. '배우'의 지시를 받아 연기하고 싶지 않다면 말이다. 이런 상사에게서는 끔찍한 지시를 받는 경험을 할 수 있다.

내 벌 형	공상형: 적극적인 몽상가 따뜻하고 일관성 있으며 존재감 있는 상사를 원하는 사람에게는 좋은 상사가 아니다. 이들은 자신만의 세계에서 살기 때문이다.
	근면형: 꼼꼼한 관리자 고압적이고 모든 것을 통제하는 상사를 못 견딘다면 근면형 상 사는 절대 피해야 한다.
	충성형: 순교자 자신이나 자신의 팀을 위해 거리낌 없이 다른 팀과 싸울 수 있 는 상사를 원한다면 충성형 상사는 실망감을 줄 수 있다. 충성 형 상사는 다른 팀에게 과소평가받고 인정받지 못하는 느낌이 무엇인지 알게 해줄 것이다.

기본적 귀인 오류 극복하기

누군가 부당하게 비난하고, 정당한 공로를 인정하지 않거나 가로채려 한다면, 그 이유를 생각할 때 사람들이 기본적 귀인 오류(55쪽을 보라)를 범하기 쉽다는 사실을 기억해야 한다. 다양한 개인이 특정한 상황에서 얼마나 비슷하게 행동하는지, 같은 사람이 다양한 상황에서 얼마나 다르게 행동하는지 관찰해보면 이해하기 쉬울 것이다. 서로 다른 사람들이 똑같이 행동하기도 하고, 같은 사람이 상황에 따라 다르게 행동하기도 한다. 상황적 요인은 우리의 평소 행동에 큰 영향을 줄 뿐 아니라 인정과 비난을 주고받는 데에도 큰 영향을 미친다. 어떤 사람의 행동이나 실적을 평가할 때는 그 사람이처한 환경과 함께, 그 환경에서 그의 역할이 무엇인지도 고려해야한다. 대부분의 경우 환경적인 영향과 개인의 역할만 이해하면, 행동의 원인을 상당 부분 이해할 수 있을 것이다.

궁극적 귀인 오류 극복하기

우리는 행동의 원인을 환경보다 그 사람의 기질에서 찾는 경우가 훨씬 많을 뿐만 아니라, 소속 집단을 기준으로 개인의 행동을 해석하는 궁극적 귀인 오류(142쪽을 보라)를 저지른다. 개인의 다양한 특징을 그 개인이 소속된 집단과 연관 지으면 공과를 평가할 때 공정성이 떨어진다. 게다가 개인이 이기적 편향을 보이듯, 자신이 속한 집단은 다른 기준을 적용해서 평가하는 집단 이기주의적 편향을 보이기가 매우 쉽다. 소속된 집단만을 기준으로 개인의 능력이나 의도, 신뢰성을 성급히 평가해서는 안 된다.

2장에서 보았듯 내재적 연관 검사를 이용하면 무의식적인 고정관념과 서로 다른 집단 구성원에 대한 편향을 측정하는 데 도움이 된다. 이 테스트는 다음 사이트(https://implicit.harvard.edu/implicit/korea/)에서 무료로 받을 수 있다. 내게 어떤 편향이 있는지 파악하면, 편향을 바로잡아서 다른 사람의 능력을 보다 공정하게 평가할 수 있게 된다.

긍정의 힘

죄수의 딜레마에 대한 최적의 해결책이 맞대응 전략이듯, 처음에 긍정적인 기대감을 가지고 상대방을 믿어주는 것은 관계에 가장 좋은 전략이다. 긍정적인 기대감으로 관계를 시작하면 긍정적인 행동으로 되돌아올 가능성이 높다. 비록 타인에게 최선을 기대하는 것이 도박에 가까울지라도, 장기적으로 보면 최악을 기대하는 것보다는 훨씬 좋은 전략이다. 앞서 살펴본 자기충족적 예언 때문이다. 이미 갈등에 처한 상황일지라도 비난의 악순환을 끊고 자기충족적 선순환이 생기도록 노력해야 한다. 자기충족적 예언의 역학 관계와 투사적 동일시 때문에 갈등이 일어난 상황이라고 해도 긍정적으로 접근하는 것이 부정적으로 접근하는 것보다 훨씬 합리적이다. 사람의 행동을 바꾸기 위해서 비난이라는 '채찍'을 사용하는 것은 인정이라는 '당근'을 쓰는 것만큼 효과적이지 않다. 긍정은 처벌보다 훨씬 효과가 크다. 까다로운 동료나 상사도 그 사람의 인정할 만한 요소를 찾아서 칭찬과 인정을 해주면 분위기를 부드럽게 만들고 관계를 개선하는 데 도움이 된다. 희망을 주는 전략은 공포감을 키우는 전략보다 훨씬 효과적이다.

문제를 말로 표현하기

리더십 컨설턴트이자 코치인 데이비드 록David Rock은 『일하는 뇌Your Brain at Work』에서 문제 해결이나 감정 조절, 협력 등이 각각 뇌의 다른 부분에서 관여하고 있다는 신경학적 연구 결과를 보여주었다.[1] 정서적으로 힘겨운 환경에서 일하고 있다면, 반사적이나 충동적으로 반응하는 대신 각 상황을 언어로 표현해보는 것이 좋다. 업무 환경에 대해 묘사하다보면 어느새 자신의 관점을 갖게 되고, 지나치게 밀착해 있어 스트레스를 받았던 사람이나 사건에 일정 거리를 둘 수 있게 된다. 만약 불공평한 평가를 받아 감정이 격앙되었거나 어려움을 느끼고 있다면 일과 무관한 친구나 애인, 믿을만한 동료에게 그런 경험을 말로 표현해 볼 것을 추천한다.

패턴 찾아보기

현재의 경험과 유사한 과거의 경험을 떠올려보는 것도 통찰력을 얻는 데 도움이 된다. 자신에게 이런 문제가 전에도 있었는지 물어보라. 과거 경험을 반추해보면 앞으로 벌어질 일에서 내가 어떤 역할을 해야 하는지 실마리가 보일 것이다. 상황을 통제할 수 없다 해도, 내 행동이 내 삶과 경력에 미치는 의미를 이해하는 데 도움이 된다.

우리는 자신에게 일정한 패턴이 있다는 것을 안다. 계속 어울리던 사람과 어울리고, 같은 방식으로 대처하고, 늘 똑같은 불만을 터뜨린다. 새로운 상사와 일하게 되도 이전 상사와 다를 게 하나도 없다. 전개되는 이야기는 똑같다. 등장인물만 달라질 뿐이다.

친구나 가족이 같은 행동을 반복하고 계속 같은 실수를 저지를 때는 큰 문제를 느끼지 못하지만, 자신에게 이런 일이 닥치면 무척 힘들다. 그럴 때는 우선 상사, 혹은 동료와 가장 즐겁게 일했던 기억을 떠올려보라. 어떤 경험을 했는가? 또한 어떤 상황에서 다른 사람들과 호흡이 맞지 않았는지 생각해보고 실패한 이유를 고민해보라.

360도 피드백

자신의 경험을 되돌아보는 것 외에도 동료나 가족, 친구들에게 내가 인정과 비난을 어떻게 나누고 받아들이는지 들어보는 것도 도움이 된다. 내 이야기를 그들은 어떻게 바라볼까? 그들은 어떤 의견을 줄까? 공과의 역학 관계와 사람 사이의 화합에 '사람'과 '환경'이 미치는 영향은 얼마나 될까? 내 자질과 성격이 일과 당시 '상태'에 얼마나 영향을 주었을까? 만약 그때 그 상황으로 돌아간다면 얼마나 달라질 수 있을까?

다른 사람들에게 360도 피드백을 요청해서 내가 생각하는 성과와 다른 사람이 생각하는 나의 성과를 비교해보라. 나에 대한 그들의 통찰에 동의하지 않더라도 배울 점을 찾을 수 있을 것이다. 인정과 비난에 관한 360도 피드백은 에코스팬과 제휴해 개발한 인터넷 사이트(www.echospan.com/blamegame)에서도 받아볼 수 있다.

함께 일하는 사람들에게 질문을 보내서 답을 받는 것도 좋은 방법이다. 아래는 몇 가지 질문 예시다.

- 내가 공과를 평가하는 방식이 어떤가?
- 나는 나를 남과 같은 기준으로 평가하는가?
- 내가 한 것 이상으로 공로를 인정받으려 하는가?
- 공로를 남과 공정하게 나누는가?
- 일이 잘못되었을 때도 내 책임을 인정하는가?
- 공로를 나누고 책임을 인정하는 건설적인 문화를 확립하는 데

도움을 주었나?

- 비난하기보다는 문제 해결에 집중했는가?
- 비난을 감수하고라도 진실을 밝히려고 했는가?
- 사람들이 자기 의견을 말하도록 격려하는가?

지식을 쌓고, 기술을 개발하고, 인맥을 넓혀라

마지막으로 하고 싶은 말은, 다재다능하고 조직에 반드시 필요한 사람일수록 부당한 비난의 희생자가 될 가능성이 낮다는 사실이다. 지식을 쌓고, 기술을 개발하고, 인맥을 넓혀 회사에서 '다른 회사로 스카우트될 가능성이 있는 직원'으로 간주된다면, 상사가 하루아침에 바뀌는 기적이 일어나지 않더라도 나를 향한 시선이 호의적으로 바뀌는 것을 느끼게 될 것이다.

시장 상황 역시 중요하다. 1990년대 인터넷 벤처 열풍이 불 때 자바 프로그래머는 입사만 해준다면 어떤 행색을 하고 다녀도 회사에서는 전혀 신경 쓰지 않고 원하는 것을 들어주었다. 몇 년이 지난 후, 인터넷 기업의 거품이 꺼지자 자바 프로그래머는 직장을 잃거나, 예전보다 인정받는 일은 줄고 비난받는 일이 많아졌다. 부담스러울 정도로 친절하고 사려 깊게 대해주던 상사가 갑자기 쌀쌀맞게 굴며 트집을 잡기 시작한 이유는 시장이 어려워졌기 때문이었다.

정당한 자기 몫의 인정을 받고 부당한 비난을 피하는 효과적인 방법은 조직의 안과 밖에 인맥을 넓히는 것이다. 내 공로를 인정하지 않고 부당하게 비난하는 상사라도 조직 안팎에서 나를 인정해주는 사람이 있다는 것을 알면 태도가 바뀔 수 있다. 탄탄한 인맥을 쌓아놓으면 다른 일자리를 구하기도 쉽다. 아무리 공로를 독차지하고 비난을 퍼부어대는 상사라도 남들이 인정하는 사람을 혼자서만 비난할 수는 없는 노릇이고, 재능 있는 직원을 떠나가게 했다는 비난을 듣고 싶어 하지는 않을 것이다.

리더를 위한 방법

긍정적인 분위기를 만들어라

조직 관리자가 성급하고 이기적이며 편향적인 모습을 보이면 조직원들이 화합하거나 관리자에게 충성하기는 어렵다. 반대로 사려 깊고 자기비판적이며 공과를 공정하게 평가하는 모습을 보인다면 조직원들은 감사하고 헌신하게 될 것이다. 리더가 올바른 본보기를 보인다면 방어적이고 비난하는 분위기 대신 서로 협력하는 분위기를 만들 수 있다.

긍정적인 본보기를 보이는 방법 중 하나는 타인과 똑같은 기준을 자신에게도 적용하는 것이다. 리처드 노블이 자신에게 상징적인 범칙금을 부과한 것처럼 자신이 비난받을 만한 행동을 했을 때, 남을 평가하는 기준과 똑같은 기준을 적용한다는 것을 모든 이에게 보여주는 것이다. 리더가 자신에게는 다른 기준을 적용한다는 사실을 조직원들이 인지하게 되면, 진실보다는 권력에 의지해 공과를 평가한다는 의미로 받아들이고 더 이상 직언을 하지 않을 뿐만 아니라 중요한 정보를 제공하지 않게 될 것이다.

긍정적인 본보기를 보이는 또 다른 방법은 어느 정도 위험부담을 감수하고, 공로를 나누고 비난을 감수하는 것이다. 사람은 누구나 일이 잘되면 인정받고 싶고, 일이 잘못되었을 때는 책임은 회피하고 싶어 한다. 하지만 짐 콜린스를 비롯한 여러 사람이 설명한 것처럼, 훌륭한 리더는 좋은 결과에 대해서는 다른 사람의 공로를 인정해주고 나쁜 결과에 대해서는 자신이 책임을 진다. 또한 열린 자세로 실험하고 학습하며 새로운 방법을 찾도록 격려한다.

개방적이 되라

에드거 샤인이 말했듯이, 자신을 변혁하려는 의지가 없는 리더는 조직을 변혁하지 못한다. 리더에게 학습하려는 태도가 있어야 조직을 성공적으로 이끌 희망이 있다. 리더의 태도에서 가장 중요한 것은 생각 없이 조직원을 비난해서는 안 된다는 것이다. 명백한 과실이라 하더라도 조직원을 비난하기 전에 먼저 생각해볼 것들이 있다. 내가 내린 지시 사항이 명확하지는 않았을 수도 있고, 기대가 비합리적이었을 수도 있다. 자원이나 정보, 조직적 지원이 부족했을 수도 있다. 혹은 그 일과 함께 다른 일을 시키지 않았다면 일을 완수했을지도 모른다.

내가 조직원의 목표 달성에 어려움을 주지 않았는지 질문하는 것도 도움이 된다. 조직원이 저지른 과실이 나와 상관없는 것이라고 해도, 리더가 기꺼이 자기비판을 하고 자신의 역할을 찾아보려

한다는 사실은 조직원의 자신감과 충성심을 고취시킨다. 반대로 리더가 자신의 역할은 생각하지 않고 조직원을 항상 비난한다면, 직원들은 무기력해지고 의욕을 상실하며 작은 일에도 분노하기 쉽다.

조직원에게 피드백을 줄 때마다 공식적으로든 비공식적으로든, 회사 내부 평가 시스템을 이용하든 아니든, 나에 대해 어떻게 생각하는지, 혹은 주어진 목표를 달성하기 위해 회사가 더 지원해줄 것은 없는지 등을 물어서 의견을 말할 기회를 줘야 한다. 비록 그들이 요구하는 자원이나 지원을 제공할 여력이 없다 해도, 그들의 말을 열린 자세로 듣는 것만으로도 환영받을 것이다.

과거에 집착하지 마라

과거를 이해하는 것은 조직을 이끄는 데 큰 도움이 되지만, 과거를 논하는 것보다 미래에 집중하는 것이 훨씬 좋은 행동 방침이다. 하지만 미래에 집중하는 것은 쉽지 않은데, 조직은 과거의 행동이나 실적에 대해 피드백하는 경향이 있기 때문이다. 게다가 우리에게는 남에게 피드백을 주고 싶은 타고난 욕망도 있다. 우리는 과거의 이야기, 특히 잘못이나 과실을 들춰내고 싶어 한다. 그래서 "당신은 그런 점들이 문제예요", "당신은 그래서 성공하지 못하는 거예요" 같은 피드백을 하게 된다. 하지만 성공적으로 해낸 일의 방법과 이유에 대해 피드백하는 일은 거의 없다. 모든 일은 지나고 보면 더 잘 보이기 마련이다. 마구 내뱉는 피드백은 비난과 다를 바 없다. 마셜 골드스미스는 피드백에 대해 다음과 같이 말했다.

피드백을 해주는 것은 리더에게 필수적인 능력으로 여겨져 왔다. 리더가 조직의 목표를 이루기 위해 노력할 때, 직원들은 어떻게 행동해야 하는지, 자신들의 실적이 리더의 기대에 부합하는지 알아야 하고, 잘한 점은 무엇이고 바꿔야 할 점은 무엇인지 깨달아야 한다. 하지만 모든 종류의 피드백에는 근본적인 문제가 하나 있다. 과거, 즉 이미 일어난 일에만 집중하기 때문에 미래에 일어날 수 있는 무한히 다양한 기회에는 집중하지 못한다는 점이다. 그렇기 때문에 피드백은 확장적이고 동적이기보다는 제한적이고 정적이기 쉽다.[2]

골드스미스는 우리가 과거의 실수에 집중한 나머지, 즉 이러저러한 뒷말을 늘어놓느라 앞으로 더 잘할 방법을 찾는 데에는 소홀하다고 말했다. 골드스미스는 이런 경향을 설명하기 위해 잡지 『패스트컴퍼니Fast Company』에 수도승 두 명에 관한 옛 우화를 소개했다.

수도승 두 명이 웨딩드레스를 입은 젊은 신부가 시냇가에 앉아서 흐느끼는 모습을 보았다. 신부는 시내 너머에서 열리는 결혼식에 가야 하는데, 물을 건너다 정성껏 만든 웨딩드레스를 망칠까 봐 이러지도 저러지도 못하고 있었다. 수도승 한 명이 그 모습을 보고 동정심이 일어, 여성의 몸에 손을 대지 말라는 규율을 어기고 신부를 업어서 시냇물을 건너게 해주었다. 신부는 수도승의 도움으로 무사히 시내를 건너 결혼식에 갈 수 있었다. 하지만 다른 수도승은 화를 내며 그를 꾸짖었다. "여자의 몸에 손 하나 대서도 안 되는데,

하물며 여자를 둘러업고 시냇물을 건너다니!" 동료 수도승은 수도원으로 돌아가는 내내 엄중한 설교를 늘어놓았지만, 수도승의 마음은 따뜻한 햇살을 느끼며 새소리를 듣느라 다른 곳에 가 있었다. 수도원으로 돌아온 후 날이 저물었고, 수도승은 잠에 들었다. 하지만 동료 수도승은 잠을 자는 수도승을 흔들어 깨웠다. "어떻게 그 여자를 옮겨줄 수 있었어? 다른 사람이 그 여자를 도와줄 수도 있었어. 너는 타락했어!" 자다가 깬 수도승은 동료 수도승이 왜 그러는지 이해되지 않았다. "무슨 여자를 말하는 거야?" 동료 수도승은 쏘아붙였다. "네가 시냇물을 건너게 도와준 그 여자 말이야." 잠이 덜 깬 수도승이 웃었다. "난 그저 시냇물을 건너게 도와줬을 뿐이야. 그런데 너는 그 여자를 수도원까지 데려왔군." 이 이야기의 교훈은 단순하다. 지나간 것은 그냥 두고 와라.

골드스미스는 그의 동료 존 카첸바흐Jon Katzenbach와 함께 피드포워드feed-forward라는 절차를 개발했다. 피드포워드는 과거에 집착하는 대신 미래에 집중할 수 있도록 도와준다. 골드스미스는 이렇게 말한다. "피드포워드에서는, 동료에게 미래를 위한 제안을 요구하고, 아이디어를 들어주라고 합니다. 누구도 비판적인 제안을 하거나 과거를 들먹여서는 안 됩니다."[3] 남의 과거를 들먹이며 책임을 전가하거나 비난하는 대신 미래의 성공을 위한 방법을 찾는 데 집중하라는 뜻이다.

예전에는 "뭐가 잘못됐는지 말해줄게"라고 했다면, 이제는 "더 좋은 결과를 위해 우리가 할 수 있는 일이 무엇인지 말해줄게"

라고 하면 된다. 과거에 대한 비난 대신 미래에 집중하면 조직은 개방적으로 바뀐다.

부하 직원에게 맞춰라

부담스럽겠지만, 공과를 평가하고 소통하는 방식을 부하 직원에게 맞추는 것이 관리자로서 현명한 방법이다. 사람들에게는 가족이나 문화, 세대 차이가 존재하기 때문에 공과의 평가에 대한 기대감이 다르고 반응하는 방식도 다를 수밖에 없다. 어린 시절의 경험과 성별, 문화의 차이 때문에 인정과 비난을 받아들이는 정도가 다를 수 있다는 것을 고려해야 한다. 다른 모든 직장에서의 관계와 마찬가지로 열린 마음으로 가설을 검증하며, 과학적으로 접근해서 어떤 방법이 효과적인지 찾아야 한다.

개인의 목소리를 내게 하라

리더는 집단사고에 대응할 수 있도록 경계를 늦추지 않아야 한다. 집단사고에는 여러 가지 대응 전략이 존재한다. 첫 번째는, 집단 구성원들이 모여서 토론이나 발표를 하기 전에 개개인이 독자적인 결정을 내리게 하는 것이다. 예를 들어 신규 채용 면접을 진행한다면, 모여서 후보자에 대한 의견을 나누기 전에 각자 독자적인 결론을 내려오게 한다. 이렇게 하면 사회적 압력이나 집단사고가 확산되는 것을 막을 수 있다. 제임스 서로위키가 어빙 제니스를 인용하며 주장했듯이, 조직 구성원들이 다른 사람의 관점을 추측하며 의지할 때보다 독자적으로 결정을 내릴 때 집단은 더 큰 지혜를 발휘한다. 개인의 의견을 펴지 못하고 다른 구성원의 눈치를 살필 때 그 집단은 아무도 가고 싶지 않은 곳, 애빌린으로 가게 된다.

두 번째는, 반론을 구축하게 하고 선의의 비판자가 나설 수 있게 하는 것이다. 집단의 모든 구성원이 자기 의견을 말했다고 비난받을까 두려워하지 않고 관점을 공유하고, 솔직하게 터놓고 의견을 이야기할 수 있도록 응원해야 한다. 그리고 팀 사이에 서로 피드백을 보낼 수 있는 시스템을 만들어 서로 비교하고 교류하게 하면 팀이 고립되는 것을 막을 수 있다.

일이 실패했을 때 한 개인을 희생양으로 삼는 일이 없어야 한다. 그보다 일을 악화시킨 구조적·문화적·절차적인 문제가 없는지 생각해보도록 격려해야 한다. '권력'에 '진실'을 말하는 행위를 보상해야 한다. 덧붙여 조직의 근본적인 전략과 패러다임에 문제가 없는지 공개적으로 토론해야 한다. 아무리 전 조직이 헌신적으로 참여하고 노력해서 세운 것이라고 해도 말이다. 또한 과정에 문제가 없는지 확인하도록 격려해, 외부 환경이 변할 때 집단이 이에 적응해 구조를 바로잡고 재구성할 수 있도록 해야 한다.

환경을 바꿔라

관리자가 시스템의 약점과 문제점을 분석하는 것이 마녀사냥을 하거나 책임자를 찾아내어 문책하는 것보다 훨씬 중요하고 도움이 된다. 평가 시스템은 반드시 환경 요인을 반영해야 하고, 타인에게서 받은 피드백을 관찰해서 성격이나 집단사고의 영향을 과도하게 받지 않았는지 확인해야 한다. 실적에 환경이 얼마나 영향을 주었는지, 앞으로 실적을 개선하려면 무엇을 해야 하는지 터놓고 솔직하게 토론할 수 있도록 해야 한다. 관리자가 조직 구성원을 평가할 때는 개인의 역량뿐만 아니라 그 사람이 맡은 역할과 일하는 환경에도 주목해야 한다. 그리고 이들이 성과를 올리는 데 도움이 되거나 방해가 되었던 사정에 대한 견해를 밝힐 기회를 주는 것이 좋다.

어떤 직원의 실적이 기대에 못 미치거나 직장 내 관계에 문제가 생겼다면 개인적인 문제나 성격 탓으로 결론을 내리기 전에 조직에 문제가 있는 것은 아닌지 조사해봐야 한다. 개인 사이의 관계뿐만 아니라 개인에게 맡겨진 업무의 중요도나 부서에서의 위치로 인한 긴장에서 비롯한 문제인지도 살펴봐야 한다. 집단 내 갈등이 커진다면 개인 사이의 문제 때문이라고 생각하기 쉽지만 그건 단지 결과이고 집단의 문제가 원인일 수도 있다. 집단에 구조적 문제가 있는지, 업무 분장이 필요하거나 재조정해야 하는지, 조직이나 상사의 지원이 부족한지, 혹은 다른 종류의 도움이 필요한지 검토해봐야 한다.

구조적 요인과 함께 보상 제도도 살펴봐야 한다. 보상 제도가 공식적으로나 비공식적으로 전략에 따라 공과를 가리고 있는지 평가해야 한다. B를 받고 싶은 사람에게 A를 주고 있는 것은 아닌지 주의해야 한다. B를 원하는 직원이 계속 A를 받고 있다면, 문제 행동은 실제로는 A를 바라고 행동하는 것일 수도 있다. 혹은 B를 바라고 행동하면 비난받을까 두려워하는 것일 수도 있다. 리더는 사람들이 보상을 어떻게 생각하는지 건설적으로 토론하고 조직이 원하는 행동을 하도록 보상 제도를 바꿔나가야 한다.

조직에 편 가르기가 나타난다면 비협조적인 행동에 보상을 해주고 있지 않은지 살펴봐야 한다. 만일 그렇다면 실질적인 방법과 상징적인 방법을 모두 사용해서 이를 줄이려고 노력해야 한다. 동시에 개인과 집단이 서로 협력하도록 더 큰 보상을 주어야 한다.

썩은 사과를 들여놓지 마라

채용 시 면접에서 입사 후보자가 공과 평가를 어떻게 생각하는지 주의 깊게 들어봐야 하고 후보자 주변 사람들에게도 확인해봐야 한다. 공과를 균형 있고 섬세하게 바라보는 사람이 훌륭한 리더나 동료, 부하 직원이 될 가능성이 높다. 편향적이고 이기적인 후보자는 팀을 이끌거나 다른 사람과 협력하는 데 어려움을 겪을 가능성이 높다. 자기 자신을 잘 알고, 개방적인 자세를 가진 사람을 채용해야 한다. 이기적이며 흑백논리에 젖었거나 과거에 비난을 일삼았던 사람은 피해야 한다.

최고관리자는 각 팀이나 부서의 리더들이 부하 직원의 공과를 공식적으로 비공식적으로 어떻게 평가하는지 확실히 알고 있어야 한다. 팀원들이 공정하게 공로를 인정받지 못하거나 부당하게 비난받는다고 느낀다면, 그 팀의 리더는 인정과 비난에 관한 지도를 받아야 한다. 팀을 이끄는 리더가 팀원에게 어떻게 비춰지는지, 개방적이고 효과적으로 공과를 평가하는 모습을 보이려면 무엇을 해야 하는지 깨닫도록 도움을 주어야 한다. 그렇게 한다면 그들이 직업적으로 성장할 수 있을 것이다. 만약 사람들이 피드백의 종류와 정도에 상관없이 관심을 보이지 않는다면 앞으로 더 큰 문제가 나타날 수 있다는 초기 증상일 수 있다.

공동 책임을 지게 하라

무자퍼 셰리프의 로버스 동굴 실험에서 방울뱀족과 독수리족 소년들이 힘을 합치게 한 것, 카를로스 곤이 닛산자동차를 기사회생시킬 수 있었던 것은 '상위의 목표'를 설정하고 공동 책임을 지게 했기 때문이다. 다른 부서원들과 직종에 관계없이 공동 목표를 설정하고 함께 일할 기회를 주면 의무감을 공유하고 책임을 나누게 될 것이다. 이 방법은 반목하는 개인들을 협력하게 하는 데도 도움이 된다.

스프리츠 화장품 사례에서 설명한 것처럼 업무 프로세스를 도표화해서 공정하고 개방적으로 실적과 문제에 책임지게 하면 상호 비방과 비난의 함정에 빠지지 않을 수 있다.

안전하지만 너무 편안하지 않게

에이미 에드먼슨은 '안전한' 환경과 '편안한' 환경을 구별해야 한다고 말했다. 안전한 환경에서는 사람들이 자기 의견을 말하고 실수를 인정한다. 하지만 실수에 따른 결과에 책임을 지지 않는다는 것은 아니다. 훌륭한 리더는 사람들이 자기 의견을 말할 수 있는 환경을 조성해야지, 태만한 자세로 일하게 해서는 안 된다. 그런 환경을 조성하기 위해서는 무엇보다 필요할 때 책임과 비난을 회피하지 않는 사람에게 보상해 주어야 한다. 완고하고 조직이 지향하는 문화에 어긋나는 방식으로 공과를 평가하는 사람, 특히 자신의 실수나 부주의에 책임지기를 거부하는 사람에게는 보상을 주어서는 안 되고 승진하게 해서도 안 된다. 베르너 폰 브라운이 엔지니어에게 샴페인을 보냈던 것처럼 책임을 인정하고 앞으로 나서는 직원의 공로를 인정해서, 실수를 감추지 않게 해야 한다.

리더 사용 매뉴얼을 만들어라

6장에서 본 것처럼 상사와 부하 직원 사이에 소통이 되지 않는 경우가 상당히 많다. 새로운 일을 시작할 때는 불안감과 환경 변화로 스트레스를 받게 된다. 게다가 이때는 공과의 평가가 올바르게 될 수도, 좋지 않게 바뀔 수도 있는 유독 애매모호한 시기다. 이 애매모호함을 잘 극복하는 것이 새로운 일의 성공과 실패를 결정한다.

같은 문화적 배경에서 일해 온 사람들이라 할지라도 문화의 차이에서 오는 오해가 발생할 수 있다. 여기서 말하는 문화적 배경은 국가나 민족 같이 명확한 문화 차이뿐 아니라 이전에 일했던 곳의 문화도 포함된다. 새로운 팀장과 팀원이 서로 탐색하면서 발생하는 온갖 추측과 편향 때문에 관계가 부정적으로 형성되고, 일종의 몬더그린 현상이 생길 수 있다. 이를테면 팀장이 "일이 얼마나 진행됐지?"라고 여러 번 질문하면, 팀원은 그 질문 뒤에 비판이나 의심이 있다고 받아들이는 것이다. 이런 현상이 한 번 벌어지면 팀원들은 방어적으로 생각하고 행동하게 된다. 리더를 불신하고 처음에 가졌던 부정적인 가정이 현실화되는 악순환이 일어나게 될 것이다.

『월스트리트저널』의 경력 관련 칼럼니스트인 조앤 루블린Joann Lublin은 2003년 「구직자여 상사에게 관리 매뉴얼을 받아라Job Candidates Get a Manual from Boss: 'How to Handle Me'」라는 글을 발표했다. 이 글에서 조앤은 스티벨 피보디 앤 링컨셔의 공동 창업자인 로런스 스티벨Laurence Stybel이 개발한 일종의 '사용자 매뉴얼'을 언급했다. 상사는 직원을 어떻게 대하고 관리할지 매뉴얼을 만들어서 자신을 소개하라는 것이다.[4] 이렇게 하면 상사와 부하 직원이 서로 빠르게 알아갈 수 있고, 몬더그린 현상을 방지할 수 있다.

예를 들면, 상사가 "나는 질문을 많이 하는 스타일이다. 질문이 많아서 비판적으로 보이고 직원들이 하는 일을 지나치게 걱정한다는 말도 들었다. 사실은 그렇지 않다. 단지 호기심이 많을 뿐이고, 여러분이 하는 일에 세세하게 참견하지 않는다"라고 자기를 소개하면 상사의 잦은 질문을 오해할 가능성은 훨씬 줄어든다. 여기에 개인적인 설명을 보탤 수도 있다. "나는 영국 출신이라 내성적이다. 미국인에게는 쌀쌀맞아 보일 수도 있지만, 사실은 매우 친절하고 다가가기 쉬운 성격이다." 이런 식으로 대화를 시작하면 부하 직원들은 쓸데없는 오해를 하지 않아도 되니 좋고, 투사적 동일시의 악순환이나 자기충족적 예언을 예방할 수 있다. 그리고 4장에서 논의했던 필패 신드롬도 막을 수 있다.

에필로그

피할 수 있는 고통을 받을 필요는 없다

인정과 비난은 일하는 내내 마주해야 할 과제다. 한 철학자는 이렇게 말했다. "인생에는 두 가지의 고통이 있는데, 피할 수 있는 고통과 피할 수 없는 고통이다. 피할 수 있는 유일한 고통은 우리가 피할 수 없는 고통을 피하려다가 실패했을 때 느끼는 고통이다."

의심할 여지없이 비난 게임은 우리 모두에게 고통을 준다. 마땅히 받아야 할 인정을 받지 못하거나, 내 잘못이 아닌 일로 부당하게 비난을 받으면 몹시 고통스럽다. 하지만 비난 게임에 어떻게 대응하는가에 따라 문제의 중요도와 심각성은 상당히 달라진다. 습관적으로, 충동적으로, 감정적으로, 이기적으로 행동하고 싶은 유혹이 느껴질 것이다. 하지만 그 결과로 남는 것은 악화된 일과 나와 다른 사람에게 닥친, 피할 수도 있었을 고통뿐이다. 이 책을 쓴 목적은 독자들이 직장에서 불필요한 고통을 겪지 않도록 하기 위해서다. 인정과 비난의 역학 관계는 우리를 과거나 현재에 가둘 수도 있고,

환경에 적응하고 발전해 미래에 집중하게 할 수도 있다. 비난 게임에서 승리하는 유일한 방법은 이 게임을 시작하지 않는 것이다.

독자들이 이 책을 통해 개인의 심리, 인간관계, 팀 사이의 힘겨루기, 조직 문화, 리더십이 뒤얽혀 어떻게 인정과 비난의 관계를 구성하는지 알게 되었으면 한다. 이런 지식이 독자들의 발전과 미래를 향한 학습과 성취에 도움이 되기를 바란다.

주

프롤로그

1 Chesley Sullenberger · Jeffrey Zaslow, 「Highest Duty」(William Morrow, 2009); William Langewiesche, 「Fly by Wire」(Straus & Giroux, 2009).

2 Joyce Hogan · Robert Hogan · Robert Kaiser, 「Management Derailment」, 「APA Handbook of Industrial and Organizational Psychology」 vol.3, (American Psychological Association, 2010), pp.555~576.

3 Jean Brittain Leslie · Ellen Van Velsor, 「A Look at Derailment Today: North America and Europe」(CCL Press, 1996).

4 Howard Tennen · Glenn Affleck, 「Blaming others for threatening events」, 「Psychological Bulletin」(1990), pp.209~232.

5 George Vaillant, 「Adaptation to Life」(Little, Brown, 1977), p.162; 조지 베일런트, 한성열 옮김, 『성공적 삶의 심리학』(나남출판, 2005).

6 Leslie Phillips, 「Human Adaptation and Its Failures」(Academic Press, 1968).

7 John Seabrook, 「The Flash of Genius」, 「The New Yorker」, January 11, 1993.

8 Steven Pinker, 「How the Mind Works」(W. W. Norton & Co., 1999); 스티븐 핑커, 김한영 옮김, 『마음은 어떻게 작동하는가』(동녘사이언스, 2007).

9 Matt Ridley, 「The Origins of Virtue: Human Instincts and the Evolution of Cooperation」 (Viking, 2007), p.62; 맷 리들리, 신좌섭 옮김, 『이타적 유전자』(사이언스북스, 2001).

1장

1 Jonathan Gould, 「Can't Buy Me Love: The Beatles, Britain and America」(Three Rivers Press, 2007).

2 「Records: Mix-Master to the Beatles」, 「Time」, June 16, 1967.

3 Sarah Brosnan · Frans de Waal, 「Monkeys reject unequal pay」, 「Nature」 Vol. 425,

September 18, 2003.

4 Matt Ridley, 「The Origins of Virtue: Human Instincts and the Evolution of Cooperation」, p.62; 맷 리들리, 「이타적 유전자」.

5 John Stacey Adams, 「Inequity in social exchange」, 「Advances in Experimental Social Psychology」(1965), pp.335~343.

6 Daniel Gilbert, 「Stumbling on Happiness」(Knopf, 2006), p.98; 대니얼 길버트, 서은국 · 최인 철 · 김미정 옮김, 「행복에 걸려 비틀거리다」(김영사, 2006).

7 Chun Siong Soon, et al., 「Unconscious determinants of free decisions in the human brain」, 「Nature Neuroscience」, April 13, 2008.

8 Werner Güth · Rolf Schmittberger · Bernd Schwarze, 「An experimental analysis of ultimatum bargaining」, 「Journal of Economic Behavior and Organization」 vol.3, no.4(December 1982), pp.367~368.

9 Anthony Greenwald, 「The totalitarian ego」, 「American Psychologist」(July 1980), p.605.

10 Steven Pinker, 「The Blank Slate」(Penguin, 2002), p.265; 스티븐 핑커, 김한영 옮김, 「빈 서 판」(사이언스북스, 2004).

11 Bertrand Russell, 「Sceptical Essays」(Routledge, 2004), p.16; 버트런드 러셀, 김경숙 옮김, 「우리는 합리적 사고를 포기했는가」(푸른숲, 2008).

12 Justin Kruger · David Dunning, 「Unskilled and unaware of it: How difficulties in recognizing one's own incompetence lead to inflated self assessments」, 「Journal of Personality and Social Psychology」(December 1999), pp.1121~1124.

13 Gerald R. Salancik · James R. Meindl, 「Corporate attributions as strategic illusions of management control」, 「Administrative Science Quarterly」(1984), pp.238~254.

14 Edward G. Rogoff · Myung-Soo Lee · Dong-Churl Suh, 「Who done it? Attributions by entrepreneurs and experts of the factors that cause and impede small business success」, 「Journal of Small Business Management」(2004), pp.364~376.

15 Kathryn Saulnier · Daniel Perlman, 「The actor-observer bias is alive and well in prison: A sequel to Wells」, 「Personality and Social Psychology Bulletin」 vol.7, no.4(December 1981), pp.559~564.

16 wsj.com/article/NA_WSJ_PUB:SB122178211966454607.html, August 31, 2010.

17 Francine Patterson · Eugene Linden, 「The Education of Koko」(Holt, Rinehart & Winston, 1981).

18 websters-online-dictionary.org/definitions/SCAPEGOAT?cx=partner-pub-0939450753529744%3Av0qd01-tdlq&cof= FORID%3A9&ie=UTF-8&q=SCAPEGOAT.

19 James George Frazer, 「The Golden Bough: A Study in Magic and Religion(1890; The Macmillan Co., 1922), p.22; 제임스 조지 프레이저, 박규태 옮김, 「황금가지1, 2」(을유문화사, 2005).

20 Julian Barnes, 「Nothing to Be Frightened Of」(Alfred A. Knopf, 2008), p.58.

21 Mary Beth Norton, 「In the Devil's Snare」(Alfred A. Knopf, 2002); Robert Rapley, 「Witch Hunts」(McGill-Queen's University Press, 2007); Frances Hill, 「The Salem Witch Trials Reader」(Da Capo Press, 2000).

22 Edmund Andrews · Peter Baker, 「A.I.G. Planning Huge Bonuses After $170 Billion Bailout」, 「The New York Times」, March 14, 2009.

23 Sheryl Gay Stolberg, 「The Art of Political Distraction」, 『The New York Times』, March 21, 2009.

24 Elizabeth Rauber, 「Cal Study: Human Social Behavior Influences Corporate Witch Hunts」, 『San Francisco Business Times』, July 17, 2008.

25 Cari Tuna, 「Some Firms Cut Costs Without Resorting to Layoffs」, 『The Wall Street Journal』, December 15, 2008.

26 A. G. Greenwald · D. E. McGhee · J. L. K. Schwartz, 「Measuring individual differences in implicit cognition: The Implicit Association Test」, 『Journal of Personality and Social Psychology』 vol.74, no.6(June 1998), pp.1464~1480.

27 "As the World Turns' Villainess Will Miss Fans, Family", National Public Radio, 〈Morning Edition〉, December 14, 2009.

28 〈Jeopardy!〉 Official Page(www.jeopardy.com/showguide/bios/alextrebek).

29 Joseph Campbell, 「Hero with a Thousand Faces」(Pantheon, 1949); 조지프 캠벨, 이윤기 옮김, 『천의 얼굴을 가진 영웅』(민음사, 2004).

2장

1 Charles Tilly, 「Memorials to credit and blame」, 『The American Interest』 vol.3, no.5 (May–June 2008).

2 Adrian Gostick · Chester Elton, 『The Carrot Principle: How Great Managers Use Employee Recognition』(Free Press, 2009).

3 Marilyn Lopes, 「Can You Praise Children Too Much?」, 『CareGiver News』(University of Massachusetts Cooperative Extension, August 1993), p.1.

4 Jeffrey Zaslow, 「The Most-Praised Generation Goes to Work」, 『The Wall Street Journal』, May 18, 2007.

5 Melissa L. Kamins · Carol S. Dweck, 「Person versus process praise and criticism: Implications for contingent self-worth and coping」, 『Developmental Psychology』 vol.35, no.3(1999), pp.835~847.

6 Michelle Conlin, 「I'm a Bad Boss? Blame my dad」, 『BusinessWeek』, May 10, 2004.

7 Sarah Kershaw, 「Family and Office Roles Mix」, 『The New York Times』, December 3, 2008.

8 Martin Seligman · Lyn Abramson · Amy Semmel, 「Depressive attributional style」, 『Journal of Abnormal Psychology』 vol.88, no.3(1979), pp.242~247.

9 Jennifer Lau · Frühling Rijsdijk · Thalia C. Eley, 「I think, therefore I am: A twin study of attributional style in adolescents」, 『Journal of Child Psychology and Psychiatry』(August 2005), pp.696~703.

10 Jill Hooley, 「How Depression Lingers」, 『Harvard Magazine』(July–August 2009).

11 Ibid.

12 Christopher Peterson · Steven Maier · Martin Seligman, 「Learned Helplessness: A Theory for the Age of Personal Control』(Oxford University Press, 1995).

13 Daniel Goleman, 「Women's Depression Rate Is Higher」, 『The New York Times』, December 6, 1990.

14 Stephanie Pappas, 「Women Intensely Dissatisfied with Pay Gap」, 『Business News Daily』, July 26, 2010.

15 Peggy Klaus, 『Brag!』(Warner Business Books, 2003), p.17; 페기 클라우스, 김희정 옮김, 『인정받고 싶으면 자랑하라』(한스미디어, 2003).

16 S. N. Taylor, 「It May Not Be What You Think: Gender differences in predicting emotional and social competence」, Presentation at National Academy of Management Conference, Chicago(www.aomonline.org/aom.asp?ID=251&page_ID=224&pr_id=417).

17 Geert Hofstede, 『Culture's Consequences: Comparing values, behaviors, institutions, and organizations across nations』, 2nd ed(Sage Publications, 2001).

18 Malcolm Gladwell, 『Outliers』(Little, Brown, 2008); 맬컴 글래드웰, 노정태 옮김, 『아웃라이어』(김영사, 2009).

19 Constantine Sedikides · Lowell Gaertner · Yoshiyasu Toguchi, 「Pancultural self-enhancement」, 『Journal of Personality and Social Psychology』(January 2003), pp.60~79.

20 Tanya Menon, et al., 「Culture and the construal of agency: Attribution to individual versus group dispositions」, 『Journal of Personality and Social Psychology』(January 1999), pp.701~717.

21 Jesse McKinley, 「FYI: Big Whale, Strong Java」, 『The New York Times』, July 14, 1996.

22 John Rawls, 『A Theory of Justice』(Harvard University Press, 1971); 존 롤스, 황경식 옮김, 『정의론』(이학사, 2003).

3장

1 Annie Murphy Paul, 『The Cult of Personality: How Personality Tests Are Leading Us to Miseducate Our Children, Mismanage Our Companies, and Misunderstand Ourselves』(Free Press, 2005).

2 Dan McAdams, 「A psychology of the stranger」, 『Psychological Inquiry』(1994), pp.145~148.

3 Daniel Goleman, 『Working with Emotional Intelligence』(Bantam Books, 1998).

4 Gregor Domes, et al., 「Oxytocin improves 'mind-reading' in humans」, 『Biological Psychiatry』 vol.61, no.6(March 2007), pp.731~733.

5 John Tierney, 「Hallucinogens Have Doctors Tuning In Again」, 『The New York Times』, April 11, 2010.

6 www.mdma.net/alexander-shulgin/mdma.html.

7 Paul Costa, Jr. · Robert McCrae, 『Revised NEO Personality Inventory(NEO-PI-R) and NEO Five-Factor Inventory(NEO-FFI) Manual』(Psychological Assessment Resources, 1992). IPIP online test result output.

8 Nancy Ancowitz, 『Self-Promotion for Introverts』(McGraw-Hill, 2010), p.3; 낸시 앤코위츠, 신현정 옮김, 『내성적인 당신의 강점에 주목하라』(갈매나무, 2010).

9 『Hogan Development Survey Manual』, Hogan Assessment Systems, 1997.

10 Theodore Millon, et al., 『Personality Disorders in Modern Life』, 2nd ed.(John Wiley & Sons, 2004).

11 Jim Collins, 『Good to Great』(Harper Business, 2001); 짐 콜린스, 이무열 옮김, 『좋은 기업을 넘어 위대한 기업으로』(김영사, 2002).

4장

1 William Poundstone, 『Prisoner's Dilemma』(Doubleday, 1992); 윌리엄 파운드스톤, 박우석 옮김, 『죄수의 딜레마』(양문, 2004).

2 Robert Axelrod, 『The Evolution of Cooperation』, rev. ed.(Basic Books, 2006); 로버트 액설로드, 이경식 옮김, 『협력의 진화』(시스테마, 2009).

3 William Safire, 「On Language: Groupthink」, 『The New York Times』, August 8, 2004 (nytimes.com/2004/08/08/magazine/the-way-we-live-now-8-8-04-on-language-groupthink.html).

4 James Surowiecki, 『The Wisdom of Crowds』(Anchor Books, 2005), p.36; 제임스 서로위키, 홍대운 · 이창근 옮김, 『대중의 지혜』(랜덤하우스코리아, 2005).

5 Solomon Asch, 「Opinions and Social Pressure」, 『Scientific American』 193(1955), pp.31~35.

6 Jerry Harvey, 『The Abilene Paradox and Other Meditations on Management』(Jossey-Bass, 1988); 제리 하비, 이수옥 옮김, 『생각대로 일하지 않는 사람들』(엘도라도, 2012).

7 Carlos Ghosn, 「Saving the Business Without Losing the Company」, 『Harvard Business Review』(January 2002).

8 Thomas Pettigrew, 「The ultimate attribution error: Extending Allport's cognitive analysis of prejudice personality」, 『Social Psychology Bulletin』 vol.5, no.4(October 1979), pp.461~476.

9 John Tierney, 「Deep Down, We Can't Fool Even Ourselves」, 『The New York Times』, July 1, 2008.

10 Albert Hastorf · Hadley Cantril, 「They saw a game: A case study」, 『Journal of Abnormal and Social Psychology』 49(1)(January 1954), pp.129~134.

11 Muzafer Sherif, et al., 「Intergroup Conflict and Cooperation: The Robber's Cave Experiment」(University of Oklahoma Book Exchange, 1961); 무자퍼 셰리프 · O. J. 하비 · B. 잭 화이트 · 윌리엄 R. 후드 · 캐럴린 W. 셰리프, 정태연 옮김, 『우리와 그들, 갈등과 협력에 관하여-로버스 케이브 실험을 통해 본 집단 관계의 심리학』(에코리브르, 2012).

12 Tim Arrango, 「How the AOL-Time Warner Merger Went So Wrong」, 『The New York Times』, January 10, 2010.

13 Patricia Sellars, 「Ted Turner is a worried man」, 『Fortune』, May 26, 2003(http://money.cnn.com/magazines/fortune/fortune_archive/2003/05/26/343113/index.htm).

14 Ibid.

15 Robert Rosenthal · Lenore Jacobson, 『Pygmalion in the Classroom』(Irvington Publishers, 1992). 로버트 로즌솔 · 레노어 제이컵슨, 심재관 옮김, 『피그말리온 효과』(이끌리오, 2003).

16 Saul Kassin · Steven Fein · Hazel Rose Markus, 『Social Psychology』 7th ed.(Houghton Mifflin, 2008), pp.122~124.

17 Jean-François Manzoni · Jean-Louis Barsoux, 「The Set-Up-to-Fail Syndrome: How

Good Managers Cause Great People to Fail』(HBS Press, 2002), p.6; 장 프랑수아 만초니·장 루이 바르수, 이아린 옮김, 『확신의 덫』(위즈덤하우스, 2014).

18 Otto Kernberg, 「Projection and projective identification: Developmental and clinical aspects」, 『Journal of the American Psychoanalytic Association』 vol.35, no.4(1987), pp.795~819.

19 투사적 동일시에 대한 자세한 설명은 Leonard Horwitz, 「Projective identification in dyads and groups」, 『International Journal of Group Psychotherapy』 vol.33, no.3(1983), pp. 259~275 참고.

20 〈This Emotional Life〉 Part I, PBS, January 4, 2010(www.thisemotionallife. com).

5장

1 〈Saturday Night Live〉, October 24, 1992(snltranscripts.jt.org/92/92djiffy.phtml).

2 Daniel Kahnemann·Amos Tversky, 「On the psychology of prediction」, 『Psychological Review』(1973), pp.237~251.

3 『National Commission on Terrorist Attacks, The 9/11 Commission Report: Final Report of the National Commission on Terrorist Attacks Upon the United States』(W. W. Norton & Co., 2004), p.15.

4 Ibid. p.362.

5 Richard A. Posner, 「The 9/11 Report: A Dissent」, 『The New York Times』, August 29, 2004.

6 Ibid.

7 www.nasa.gov/offices/oce/appel/ask-academy/issues/ask-oce/AO_1-6_F_mistakes.html.

8 David Koenig, 「Southwest Airlines Posts 4Q, Full-Year Profit」, 『Associated Press』, January 21, 2010(abcnews.go.com/Business/wireStory?id=9621566).

9 Jody Hoffer Gittell, 『The Southwest Airlines Way: Using the Power of Relationships to Achieve High Performance』(McGraw-Hill, 2005), p.28; 조디 호퍼 기텔, 황숙경 옮김, 『사우스 웨스트 방식』(물푸레, 2003).

10 Ibid.

11 Jena McGregor, 「How Failure Breeds Success」, 『BusinessWeek』, July 10, 2006.

12 Mark Cannon·Amy Edmondson, 「Failing to Learn and Learning to Fail (Intelligently): How great organizations put failure to work to improve and innovate」, 『Harvard Business Review』, February 5, 2004.

13 Thom Shanker, 「Iran Encounter Grimly Echoes '02 War Game」, 『The New York Times』, January 12, 2008(nytimes.com/2008/01/12/washington/12navy.html).

14 Ibid.

15 Diane Coutu, 「Edgar Schein: The Anxiety of Learning-The Darker Side of Organizational Learning」, 『Harvard Business School Working Knowledge』, April 15, 2002.

16 Peter F. Drucker, 『Innovation and Entrepreneurship: Practice and Principles』(Harper & Row, 1985); 피터 드러커, 이재규 옮김, 『미래사회를 이끌어가는 기업가정신』(한국경제신문, 2004).

17 Mark Cannon · Amy Edmondson, 「Failing to Learn and Learning to Fail (Intelligently)」.

18 Steven Kerr, 「On the Folly of Rewarding A, While Hoping for B」, 「Academy of Management Executive」(1995), pp.7~14.

19 Ronald Heifetz · Marty Linsky, 「Leadership on the Line」(Harvard Business School Press, 2002); 로널드 하이페츠 · 마티 린스키, 임창희 옮김, 「실행의 리더십」(위즈덤하우스, 2006).

20 Fiona Lee · Christopher Peterson, 「Mea culpa: Predicting stock prices from organizational attributions」, 「Personality and Social Psychology Bulletin」(2004), p.1945.

21 Ibid., p.1647.

22 Kevin Sack, 「Doctors Say 'I'm Sorry' Before 'See You in Court'」, 「The New York Times」, May 18, 2008.

23 Amy Edmondson, 「Learning from mistakes is easier said than done: Group and organization influences on the detection and correction of human error」, 「Journal of Applied Behavioral Science」(1996), pp.5~28.

24 Amy Edmondson · Michael Roberto · Anita Tucker, 「Children's Hospital, and Clinics」, 「Harvard Business School Case Study」, November 15, 2001, pp.6~7.

25 Ibid.

26 Ibid., p.8.

27 Ibid., p.9.

28 Sarah Jane Gilbert, 「Do I Dare Say Something? Q & A with Amy Edmondson」, 「HBS Working Knowledge」, March 20, 2006.

29 Amy Edmondson, 「Safe to Say at Prudential Financial」, 「Harvard Business Review」, March 20, 2007.

30 Ibid., p.8.

31 Michael Tushman · Charles A. O'Reilly III, 「Winning Through Innovation」(Harvard Business School Press, 2002), pp.4~10.

6장

1 Stephen Ambrose, 「D-Day: June 6, 1944: The Climactic Battle of World War II」(Simon & Schuster, 1995), p.190.

2 David McCullough, 「Truman」(Simon & Schuster, 1993), p.464.

3 Alan Axelrod, 「When the Buck Stops with You」(Portfolio, 2004);www.trumanlibrary.org/buckstop.htm; http://www.whitehousemuseum.org/west-wing/resolute-desk.htm.

4 nationalreview.com/comment/wallison200406051905.asp; Peter Wallison, 「A Man Apart: Reagan had the right principles—and he stuck to them」, 「National Review Online」, June 5, 2004.

5 Andrew S. Grove, 「Only the Paranoid Survive」(Doubleday, 1999); 앤드루 그로브, 유영수 옮김, 「승자의 법칙」(한국경제신문, 2003).

6 John Markoff, 「In About-Face, Intel Will Swap Its Flawed Chip」, 「The New York Times」, December 21, 1994; David Fritzsche, 「Business Ethics: A Global and Managerial Perspective」(McGraw-Hill/Irwin, 2004), p.31; Jim DeTar, 「Intel Initiaties

Pentium Replacements」, 「Electronic News」, January 2, 1995.

7 Grove, 「Only the Paranoid Survive」, p.22

8 Diane L. Coutu, 「Edgar Schein: The Anxiety of Learning-The darker side of organizational learning」, 「Harvard Business Review」, April 15, 2002.

9 Jim Collins, 「Good to Great」, p.28; 짐 콜린스, 「좋은 기업을 넘어 위대한 기업으로」.

10 Ibid.

11 Amy Barrett, 「Pfizer's Funk」, 「BusinessWeek」, February 28, 2005.

12 Edward E. Lawler III · Chris Worley, 「Built to Change: How to Achieve Sustained Organizational Effectiveness」(Jossey-Bass, 2006), p.129.; 에드워드 롤러 · 크리스토퍼 월리, 김현정 · 박승욱 · 조성숙 · 최수일 옮김, 「Built to Change: 성공하는 조직의 습관들」(한올출판사, 2009).

13 Ibid.

14 Marshall Goldsmith, 「To Help Others Develop, Start with Yourself」, 「Fast Company」, March 1, 2004.

15 Adam Bryant, 「He's Not Bill Gates, or Fred Astaire」, 「The New York Times」, February 13, 2010.

16 Theodor W. Adorno et al. 「The Authoritarian Personality」(Harper and Row, 1950).

17 Sylvia Wright, 「Get Away from Me with Those Christmas Gifts」(McGraw-Hill, 1957).

18 Marilyn Berger, 「Isaiah Berlin, Philosopher and Pluralist, Is Dead at 88」, 「The New York Times」, November 7, 1997.

19 Christopher Lydon, 「J. Edgar Hoover Made the F.B.I. Formidable with Politics, Publicity and Results」, 「The New York Times」, May 3, 1972.

20 Paul B. Carroll · Chunka Mui, 「Billion-Dollar Lessons: What you can learn from the most inexcusable business failures of the last 25 years」(Portfolio, 2008), p.1; 폴 캐럴 · 춘카 무이, 이진원 옮김, 「위험한 전략」(흐름출판, 2009).

21 David Freedman, 「Entrepreneur of the Year」, 「Inc.」, January 1, 2005.

22 「Wisconsin Police Chief Tickets Himself $235」, 「Associated Press」, February 3, 2007.

23 Goldsmith, 「To Help Others Develop, Start with Yourself」.

24 Adam Bryant, 「Xerox's New Chief Tries to Redefine Its Culture」, 「The New York Times」, February 20, 2010.

25 Ibid.

26 James Chiles, 「Inviting Disaster」(HarperCollins, 2002), p.278; 제임스 차일스, 홍창미 · 황현덕 옮김, 「인간이 초대한 대형참사」(수린재, 2008).

7장

1 David Rock, 「Your Brain at Work」(Harper Business, 2009); 데이비드 록, 이경아 옮김, 「일하는 뇌」(랜덤하우스코리아, 2010).

2 www.marshallgoldsmithlibrary.com/docs/articles/Feedforward.doc.

3 Marshall Goldsmith, 「Leave It at the Stream」, 「Fast Company」, May 1, 2004.

4 Joann Lublin, 「Job Candidates Get a Manual from Boss: 'How to Handle Me'」, 「The Wall Street Journal」, January 7, 2003.

비난
게임

ⓒ 벤 다트너 · 대런 달, 2015

초판 1쇄 2015년 11월 16일 찍음
초판 1쇄 2015년 11월 20일 펴냄

지은이 | 벤 다트너 · 대런 달
옮긴이 | 홍경탁
펴낸이 | 이태준
기획 · 편집 | 박상문, 박지석, 박효주, 김환표
디자인 | 이은혜, 최진영
마케팅 | 박상철
인쇄 · 제본 | 제일프린테크

펴낸곳 | 북카라반
출판등록 | 제17-332호 2002년 10월 18일

주소 | (121-839) 서울시 마포구 서교동 392-4 삼양E&R빌딩 2층
전화 | 02-486-0385
팩스 | 02-474-1413
www.inmul.co.kr | cntbooks@gmail.com

ISBN 978-89-91945-87-6 03320
값 14,000원

이 도서의 국립중앙도서관 출판시도서목록(CIP)은 서지정보유통지원시스템 홈페이지
(http://seoji.nl.go.kr)와 국가자료공동목록시스템(http://www.nl.go.kr/kolisnet)에서
이용하실 수 있습니다. (CIP제어번호: CIP2015030094)